AF308372

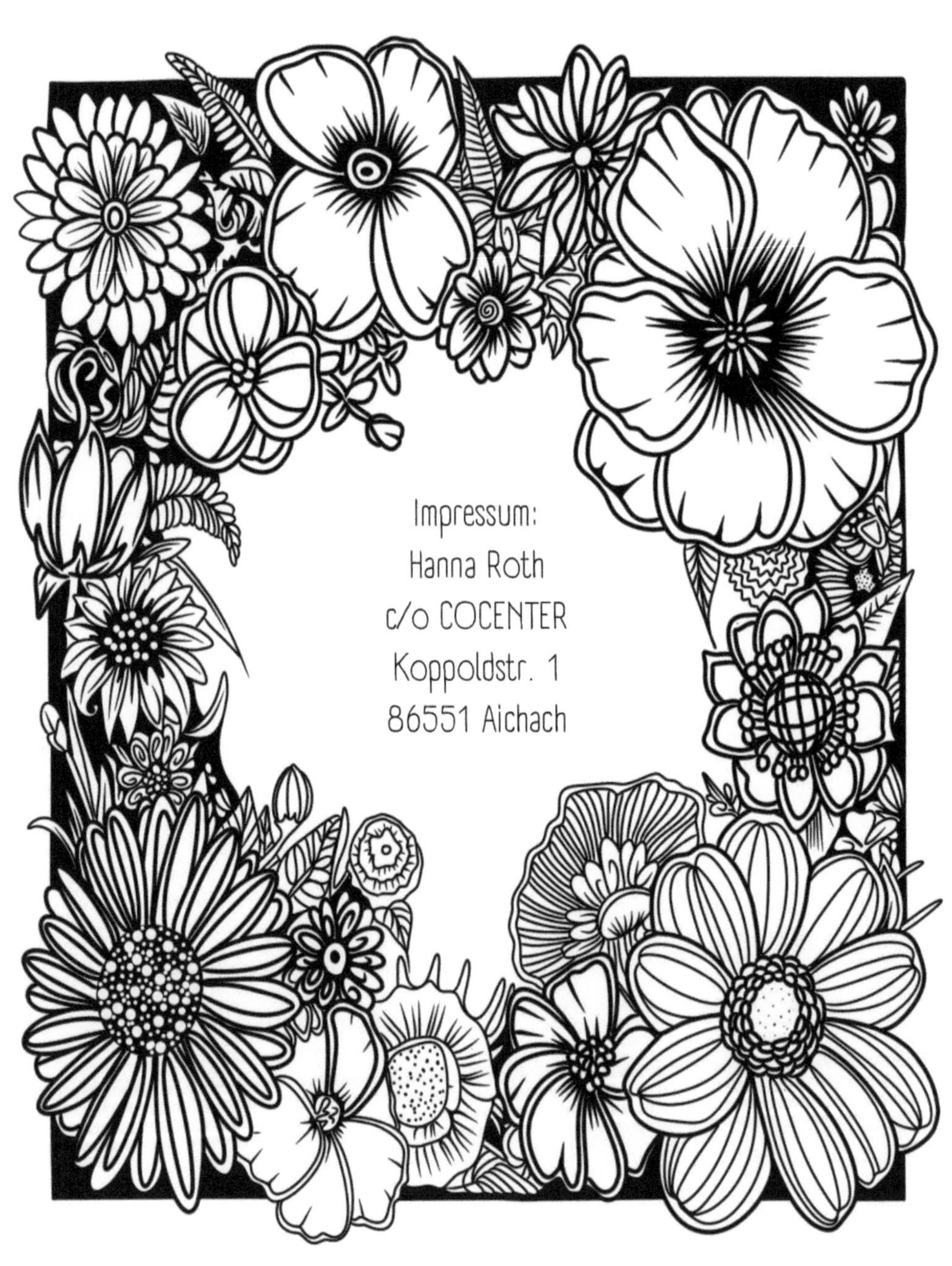

Impressum:
Hanna Roth
c/o COCENTER
Koppoldstr. 1
86551 Aichach

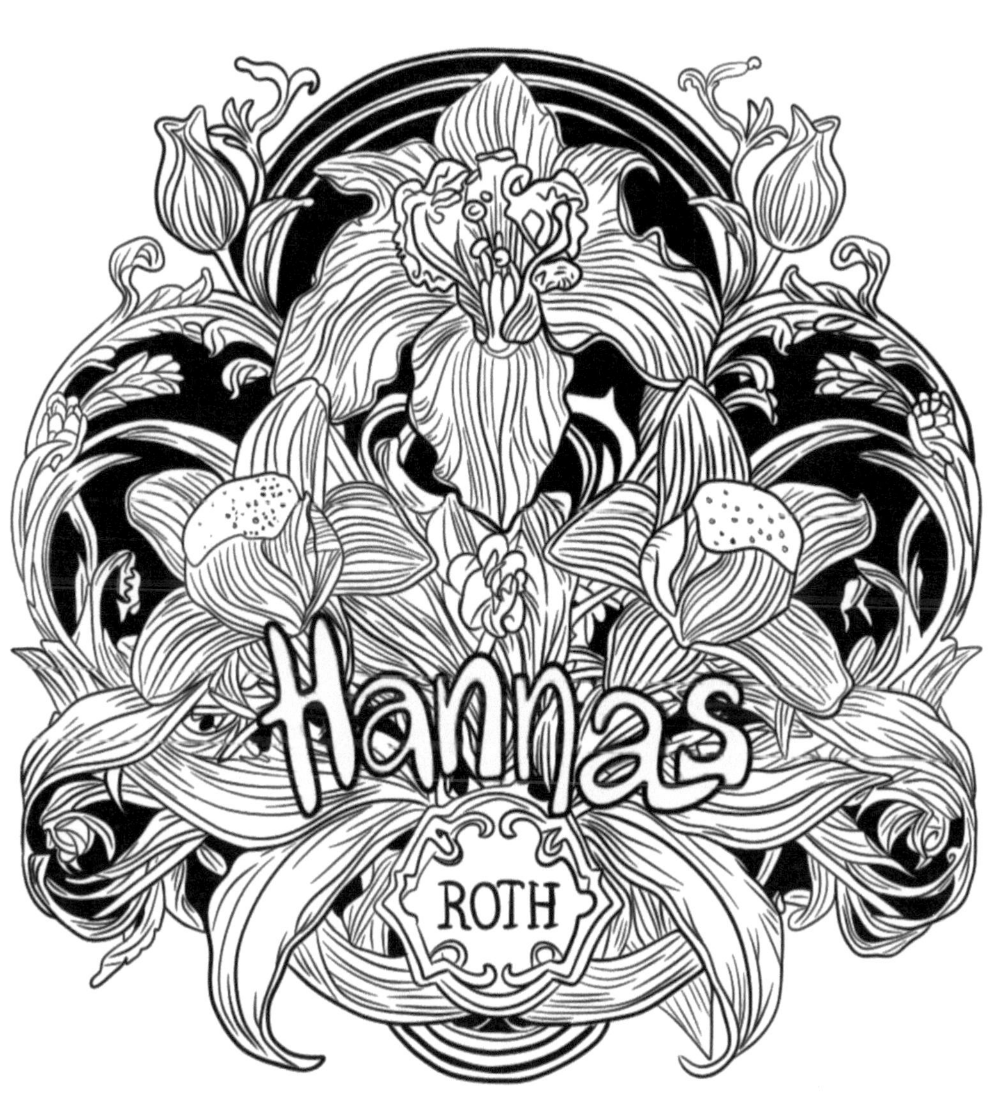

Hannas
ROTH

30 (+1) Blumenstillleben
...challenged by @hannasroth

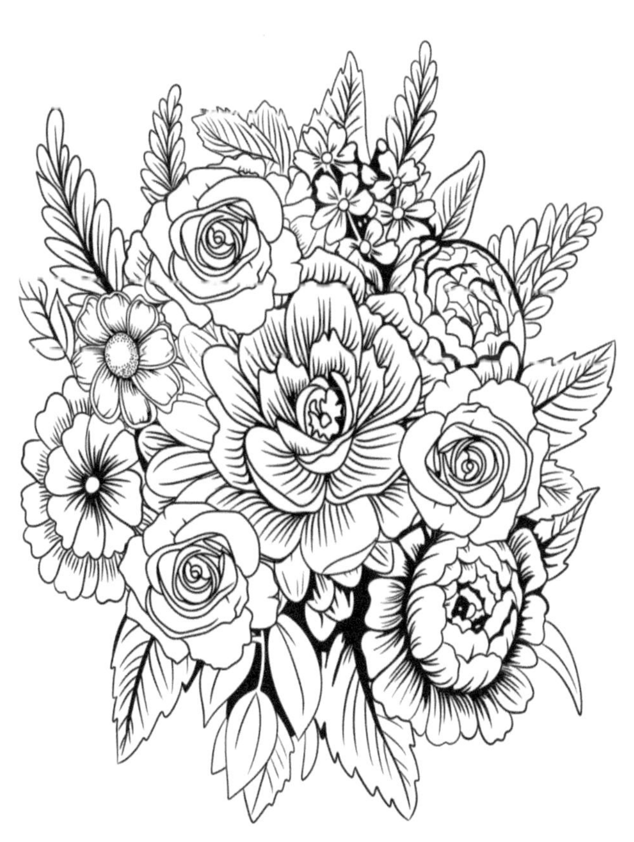

30 (+1) Blumenstillleben

Blumenstillleben sind seit eigentlich immer fester Bestandteil der Kunstgeschichte – sie schmücken Museen, Leinwände und oft auch unser Zuhause. Dieses Buch, „30+1 Blumenstillleben challenged by @hannasroth", lädt dich ein, dich auf eine künstlerische Reise zu begeben, die nicht nur die Blume als Bildgegenstand, sondern auch dich selbst in den Mittelpunkt stellt.

Mit dieser 30+1-Challenge kannst du dich einen Monat lang auf eine intensive Entdeckungsreise begeben. Es geht darum, durch tägliches Üben die Tiefe und Vielfalt des Blumenstilllebens zu erkunden, deinen eigenen Stil zu entwickeln oder ihn weiter zu festigen.

Die Aufgaben sind vielseitig: Für einige reicht es, deine Lieblingsstifte zu schnappen, für andere wirst du dir vielleicht einen kleinen Blumenstrauß gönnen müssen – ein bisschen Selbstliebe muss auch mal sein !-)
Das allerwichtigste ist jedoch, dass du unbedingt deinen eigenen Perfektionismus im Auge behältst!
Dieses Buch soll nicht nur Inspiration sein, sondern auch ein Raum, in dem du dich kreativ entfalten kannst.
Also: Tauche ein, lass dich von den Blumen leiten und finde heraus, wie bunt oder einfarbig dein künstlerischer Ausdruck wirklich ist - und beides ist okay.

Viel Freude und Erfolg bei deiner Challenge!

Überblick:

1	2	3	4	5
6	7	8	9	10
11	12	13	14	15
16	17	18	19	20
21	22	23	24	25
26	27	28	29	30

(+1)

Tag1:

Es geht los!
Wir starten mit einer wirklich unerwarteten Herausforderung (vielleicht ist es sogar die schwierigste Aufgabe, also danach hast du das schlimmste schon geschafft!) Schnapp dir einen Stift deiner Wahl, der nicht wegradiert werden kann (es darf auch ein Bleistift sein, wenn du versprichst nicht zu radieren.) Ansonsten würde ich zu Kugelschreiber oder Fineliner raten, am besten in schwarz. Jetzt brauchst du einen Timer und deine „schwache" Hand. Wenn du also normalerweise mit der rechten Hand schreibst, ist deine linke Hand, deine „schwache" Hand. Stelle den Timer auf 15 Minuten und beginne die Vorlage auf der nächsten Doppelseite zu betrachten und zu übertragen.
Ärgere dich nicht über deine Hand, sondern arbeite ohne dich selbst zu verurteilen. Deine Hand braucht Übung und es ist wichtig neugierig zu betrachten, was die Hand veranstaltet.

Zusatz:
Nach den 15 Minuten kann es sein, dass du dich erstmal von diesem Schock erholen musst. Das war harte Arbeit und deine erste Challenge ist erfolgreich abgeschlossen. Wenn du jetzt aber, vielleicht auch nach einer kleinen Pause, noch Kapazitäten hast, darfst du nun das Bild vollenden. Hierzu ist es erlaubt die dominante Hand einzusetzen, allerdings dürfen die Bestandteile der schwachen Hand nicht korrigiert werden. Lass es zu einem Dialog beider Hände werden, die beide zu gleichen Teilen das Bild prägen. Ein besonderes i-Tüpfelchen könnte es sein, das Werk mit ganz leichten Wasserfarbakzenten oder Tinte zu ergänzen.

Wenn du dich fragst was das alles soll…

…versuche ich dir diese Frage zu beantworten: Es ist super wichtig dir als aller erstes klar zu machen, dass einer glücklichen, kreativen Betätigung oft der eigene Perfektionismus im Wege steht. Wir haben viel zu schnell viel zu hohe Erwartungen an uns und unser eigenes Können. Insbesondere vermutlich zu Beginn einer solchen Challenge. Diese erste Aufgabe soll dir den Stress nehmen und zeigen worum es eigentlich wirklich geht: Eine aufrichtige Auseinandersetzung mit dir selbst und auch deinen weniger im Fokus stehenden Fähigkeiten, wie beispielsweise deine schwache Hand. Sie ist ein Teil von Dir und manch berühmter Künstler zeichnete bewusst mit der schwachen Hand um genau den Ausdruck, der nicht von einem Streben nach Perfektion getrieben ist, zu nutzen.

Außerdem wirst du genötigt genauer hinzusehen und das ist genau die Essenz des Zeichnens. Super viele Menschen zeichnen Dinge aus ihrer Vorstellung, obwohl das Motiv genau vor ihnen steht. Wenn deine Zeichnung authentisch sein soll, muss man zuerst lernen genau hinzusehen.

Mit einer der wichtigsten Aspekte ist die Frustrationstoleranz, die bereits in der ersten Aufgabe mit am stärksten getriggert wird. Wer kennt es nicht? Besonders die erste Seite in einem neuen Notizbuch ist mit die Wichtigste, denn wenn man es nicht den eigenen Ansprüchen entsprechend schön genug macht, wird das Notizbuch schnell verbannt. Du musst aber dran bleiben und darfst keine einzige Seite aus diesem Buch herausreißen. Glaube mir, am Ende wird sich dieser Prozess lohnen und du wirst am letzten Tag sogar eine Schönheit in deinem ersten Werk erkennen!

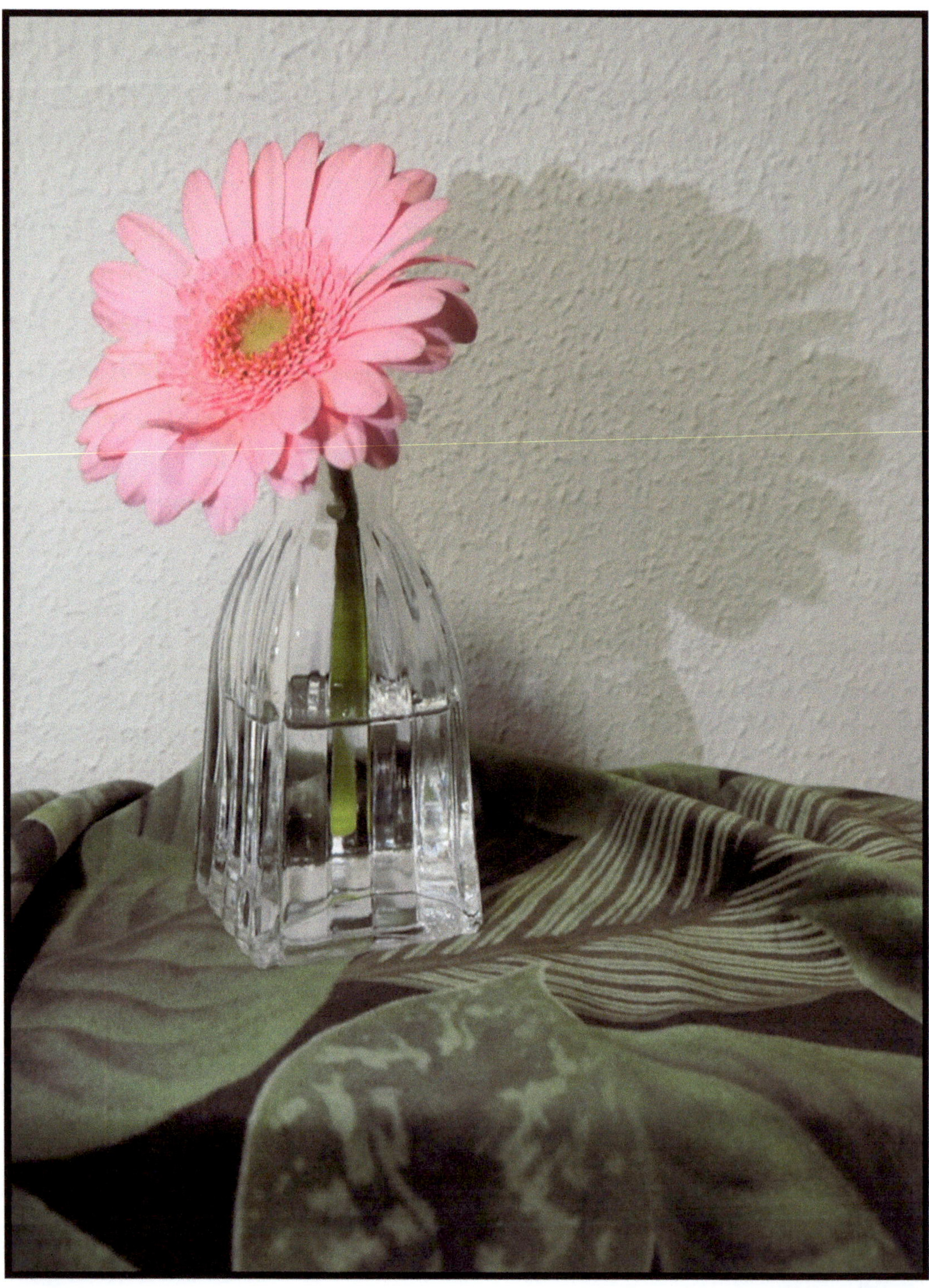

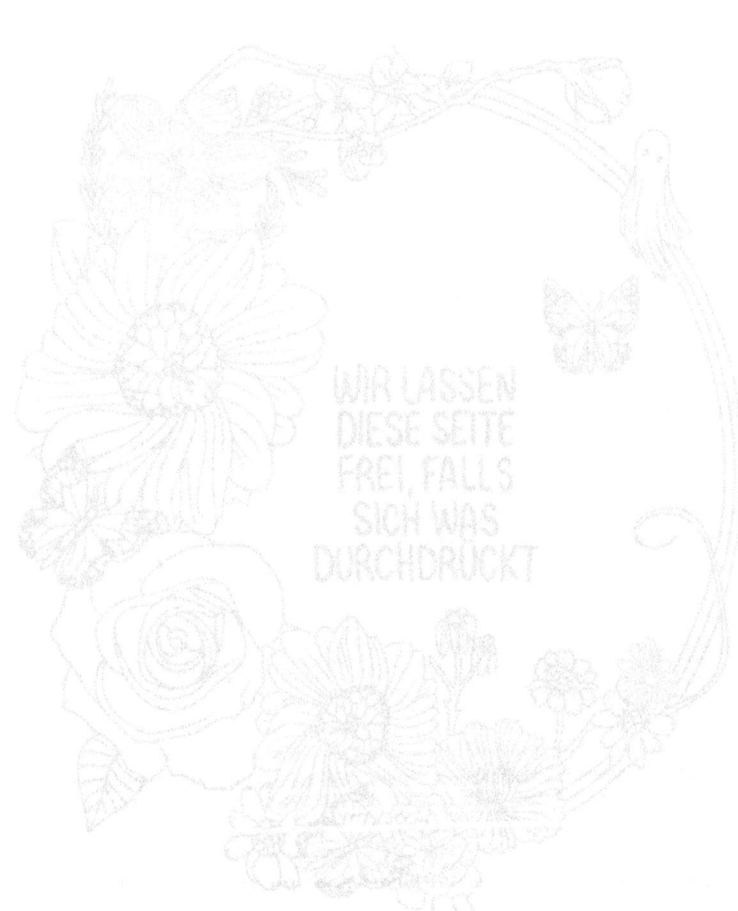
WIR LASSEN
DIESE SEITE
FREI, FALLS
SICH WAS
DURCHDRÜCKT

Tag 2:

Wie du siehst gibt es heute keine Vorlage, denn es geht darum deine Fantasie zu aktivieren. Versuche auch bitte nicht zu googeln oder dir selbst eine Vorlage aufzubauen und lasse dich voll und ganz auf diese Herangehensweise ein. Gestern habe ich zwar geschrieben, dass es bei der Zeichnung hauptsächlich ums genaue Hinsehen geht, aber die Vorstellungskraft und Fantasie ist mindestens genauso wichtig, wenn es darum geht kreativ tätig zu sein. Klar musst du genau hinsehen, wenn es deine Intention ist etwas abzuzeichnen, aber jetzt ist deine Aufgabe dich an ganz früher zu erinnern. Hast du als Kind gemalt? Wenn ja, hat es dir Spaß gemacht? Erinnerst du dich an Lieblingsmotive, die du hattest? Aus welchen Gründen hast du gemalt? Waren deine Bilder Geschenke? Wie wurde mit diesen Bildern umgegangen?

Über viele Künstler*innen wird gesagt, dass sie sich nach dem kindlichen Ausdruck in ihrer Arbeit sehnten. Wie toll wäre es, mit den Augen eines Kindes die Welt erneut zu ergründen und genau diesen zeichnerischen Ausdruck, der auch narrative Elemente hat, angstfrei zu Papier bringen zu können.
Versuche zu malen wie du als Kind einen Blumenstrauß gemalt hättest. Nutze die Farben, die du nutzen möchtest und versuche auch bei der Art wie du beispielsweise einen Stift hältst, eine kindliche Herangehensweise zu wählen.
Das Bild ist vollendet, wenn dein inneres Kind sagt, das es reicht.

"Jedes Kind ist ein Künstler. Das Problem ist nur, ein Künstler zu bleiben, während man erwachsen wird."
Pablo Picasso

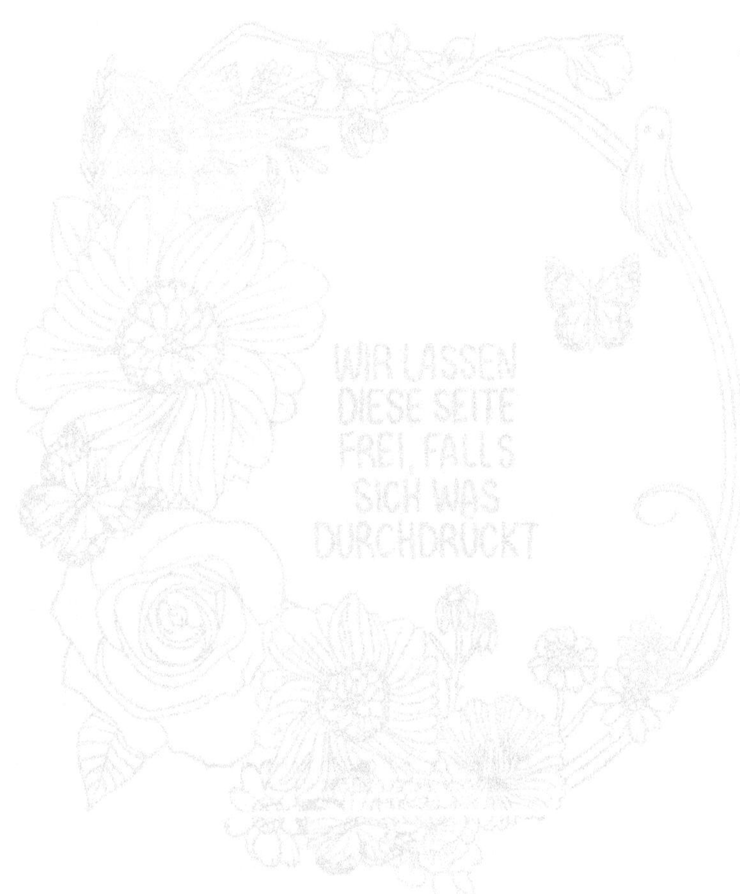

WIR LASSEN
DIESE SEITE
FREI, FALLS
SICH WAS
DURCHDRUCKT

Tag 3:

Heute geht es um die farbliche Gestaltung und generell, die Bedeutung von Farbe für dein Werk. Du erhältst eine Vorlage die ausgemalt werden soll. Versuche deine Farben so zu wählen, das dein Endergebnis "melancholisch"wirkt.

Solltest du mit Wasserfarben oder Markern arbeiten wollen, achte darauf noch ein weiteres Blatt zum Schutz der folgenden Seiten unter dein Motiv zu legen.

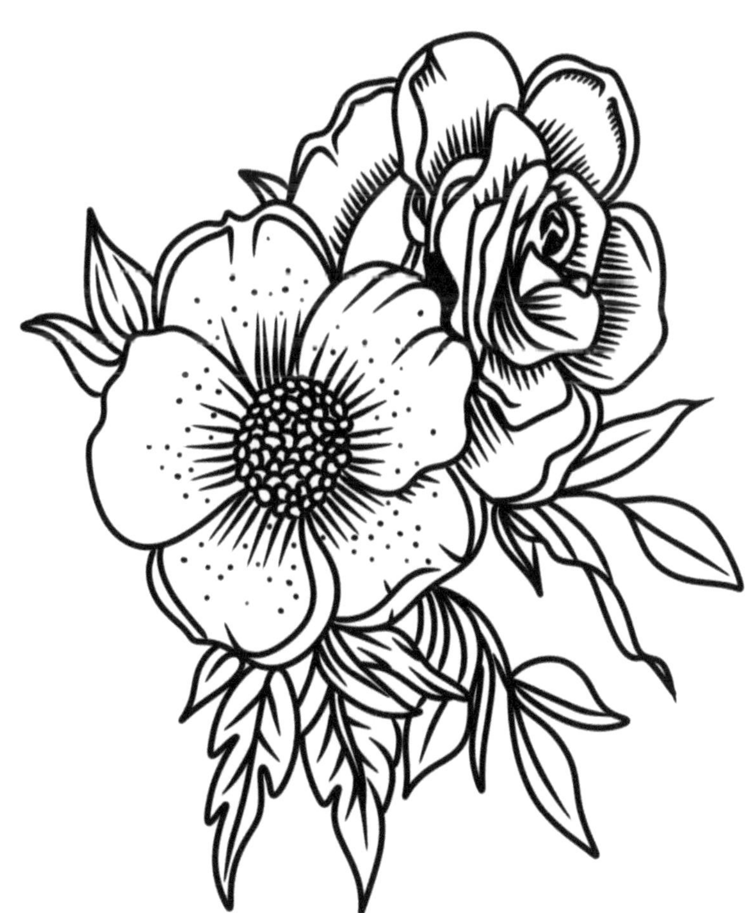

Information:

Wenn man mit Farben arbeitet, sollte man unbedingt wissen, dass es verschiedene Farbkontraste gibt, die ein Bild ausmachen, oder auch spannend machen. Es bietet sich an solche Kontraste gelegentlich bewusst zu integrieren. Besonders spannend sind Komplementärfarben, die sich im Farbkreis gegenüber liegen.
Fülle den Farbkreis aus und lege dir eine Übersicht der Komplementärfarben an:

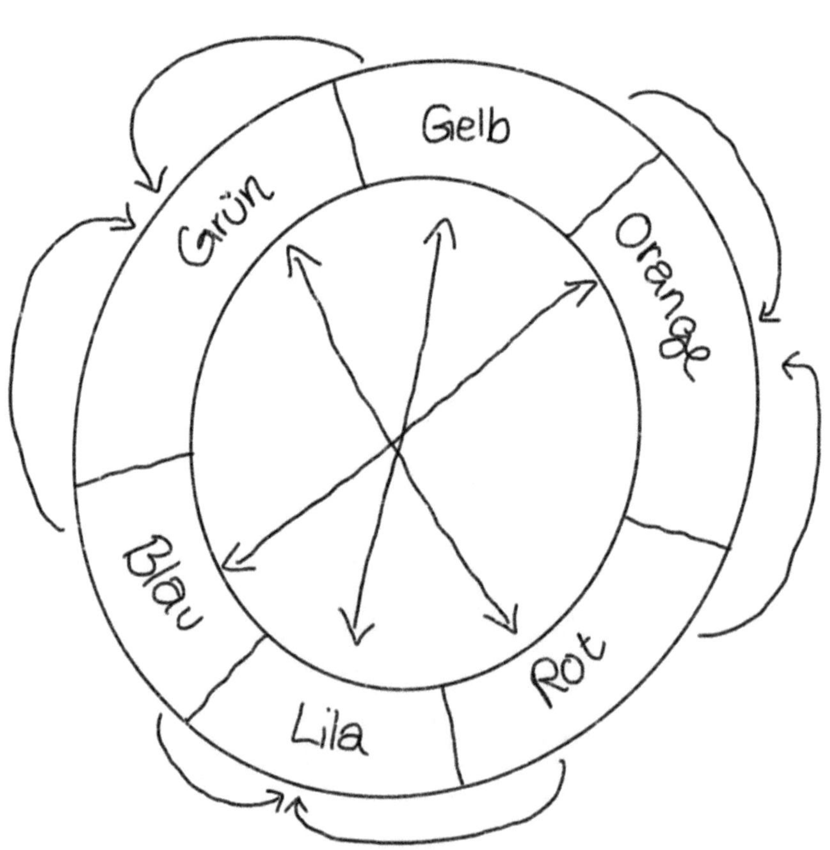

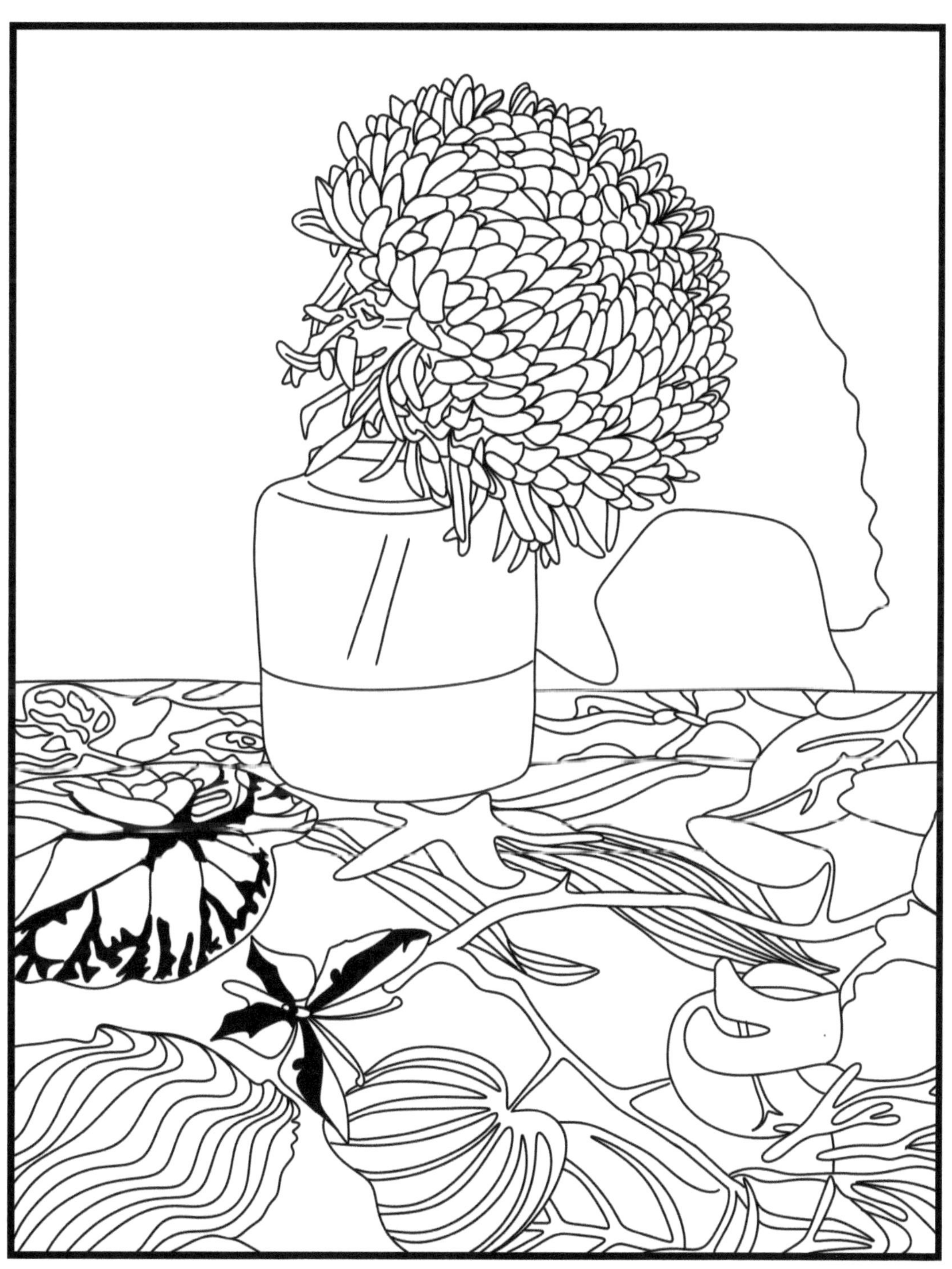

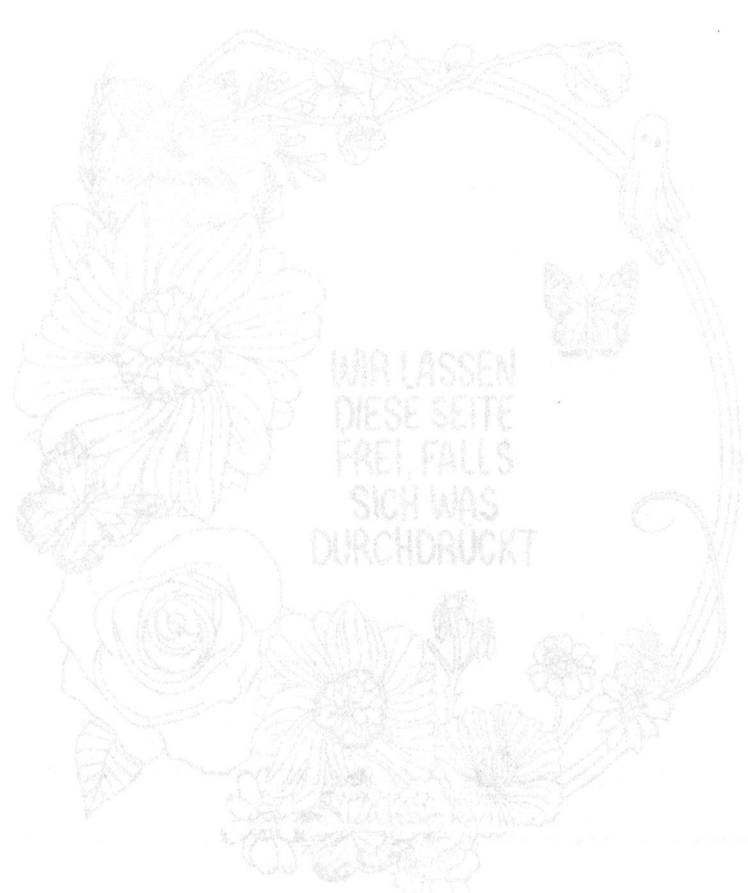
WIR LASSEN
DIESE SEITE
FREI FALLS
SICH WAS
DURCHDRUCKT

Tag 4:

Übertrage das Werk aus der Vorlage (auf der nächsten Seite) in dein Format und zwar nur mit einem einzigen Stift und ohne abzusetzen. Wir arbeiten aktiv gegen deinen Perfektionismus. (Natürlich darfst du zwischendruch den Stift absetzen um mal kurz durchzuatmen, aber du solltest unbedingt wieder genau an der Stelle ansetzen, um die Arbeit fortzusetzen, an der du abgesetzt hast.)

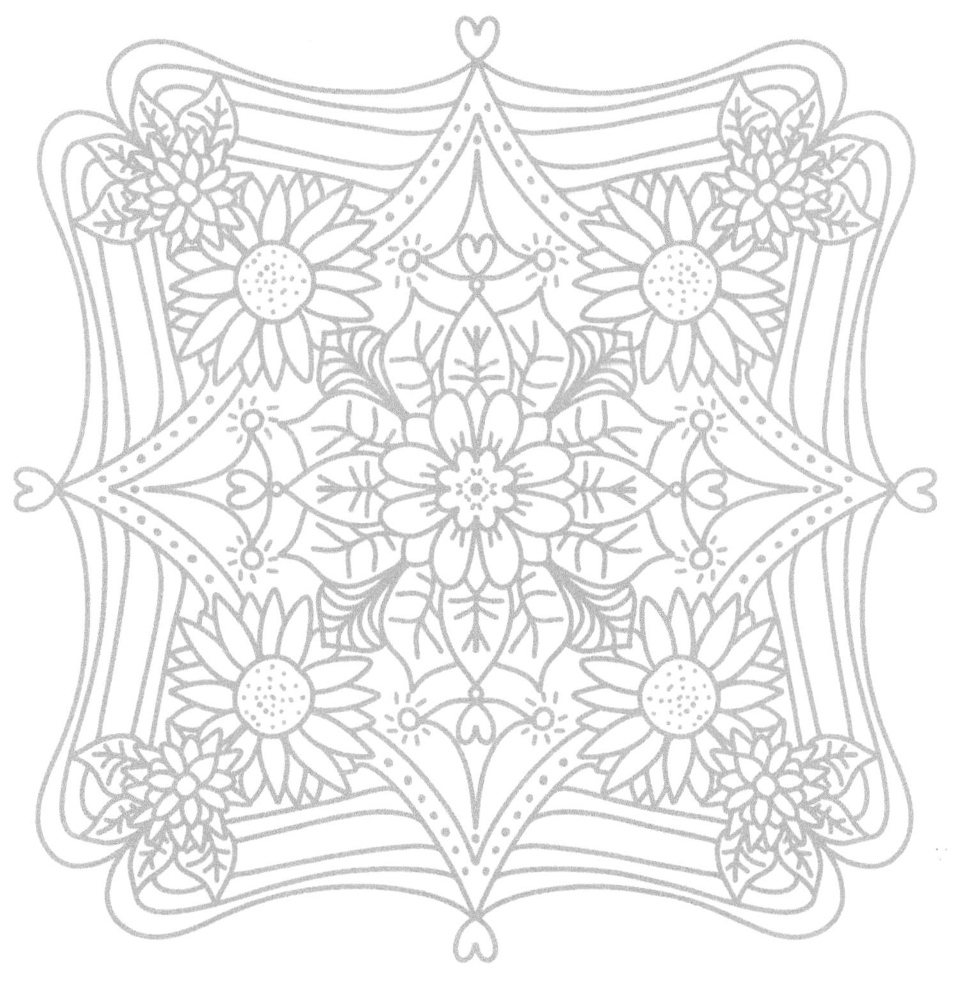

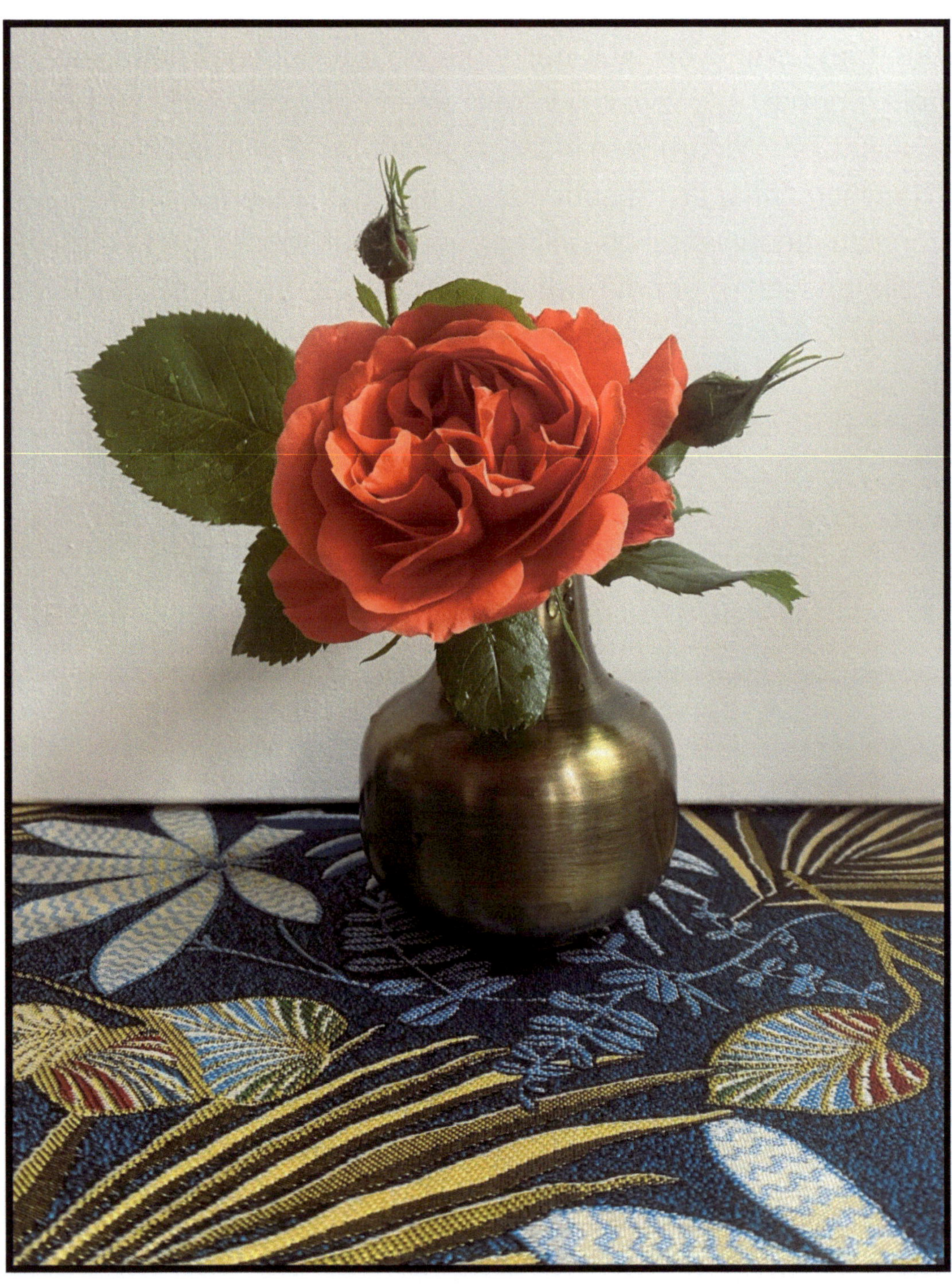

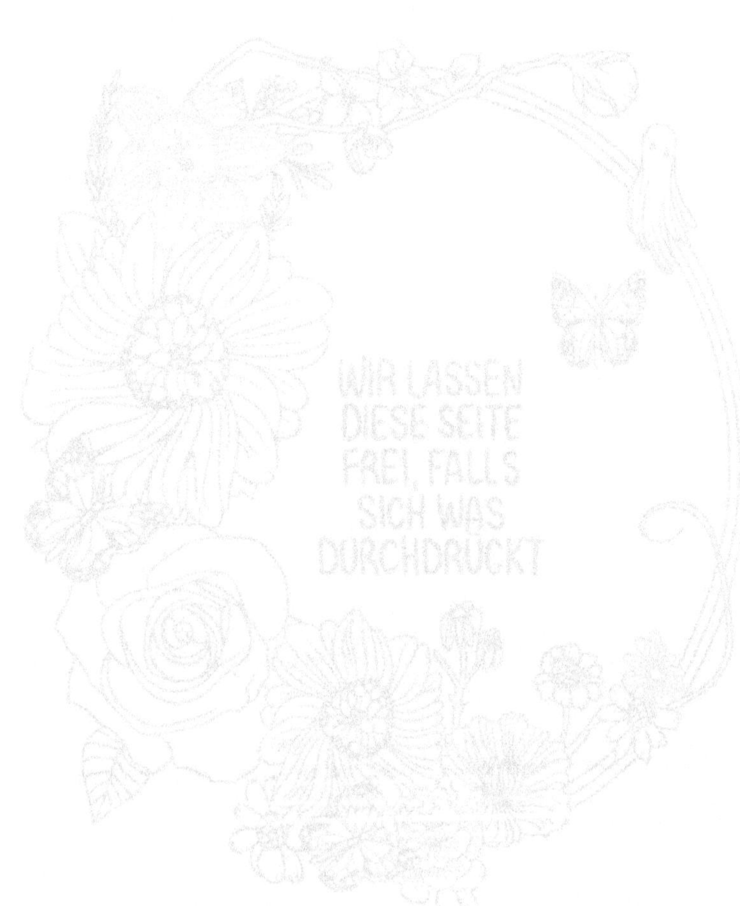
WIR LASSEN
DIESE SEITE
FREI, FALLS
SICH WAS
DURCHDRUCKT

Tag 5:

Übertrage das Werk aus der Vorlage in dein Format und versuche dabei den Stil des Künstlers Pablo Picasso zu übersetzen. (Aus diesem Grund gibt es hier keine Vorzeichnung in deinem Format, den bei Picasso geht es nicht darum bei den Proportionen ganz genau zu sein. Erlaube Dir einen größeren Spielraum.)

Was aber zeichnet den Stil von Picasso aus?

- *Geometrische Formen: Du kannst versuchen die Vorlage in geometrische Grundfiguren zu übersetzen und diese dann in dein Format zu übertragen.*
- *Abstraktion: Du musst nicht jedes Detail übernehmen. Was ist wichtig und welche Bildelemente sind vielleicht sogar so unwichtig, das man sie einfach weglassen könnte?*
- *Unrealistische Farbigkeit: Es ist alles erlaubt. Die Bildelemente müssen nicht realistisch koloriert werden.*
- *Objekte zerlegen: Der Stil den Picasso mit geprägt hat, zeichnet sich dadurch aus, dass es manchmal so aussieht, als wären die Bilder aus verschiedenen Scherben zusammengesetzt. Sieh dir am besten einige Bilder aus der Epoche des Kubismus als Inspirationsquelle an.*

Hinweis: Deine Vorlage ist in diesem Fall in Grautönen gehalten, damit du die Stimmung deines Bildes selbst bestimmen kannst.

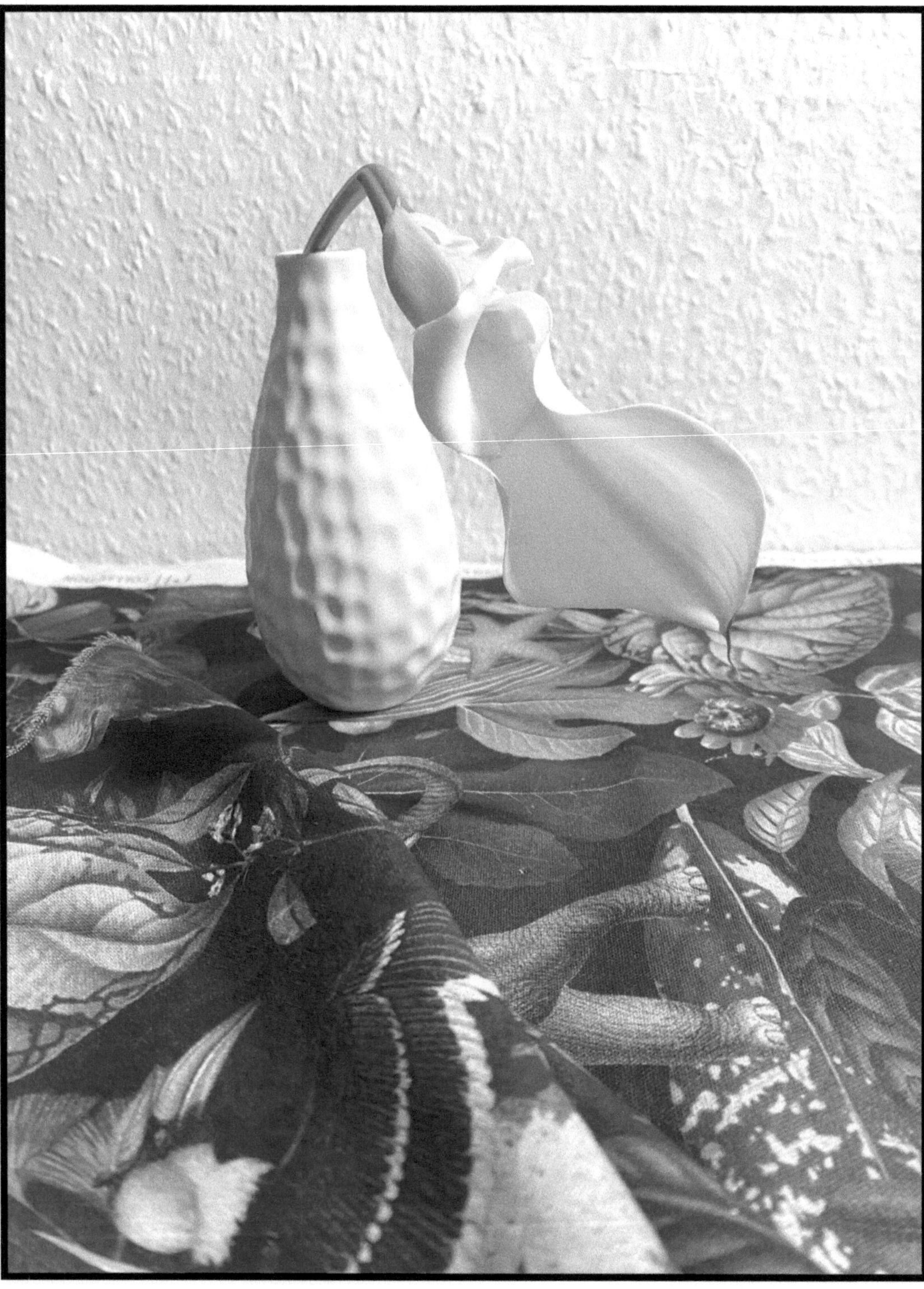

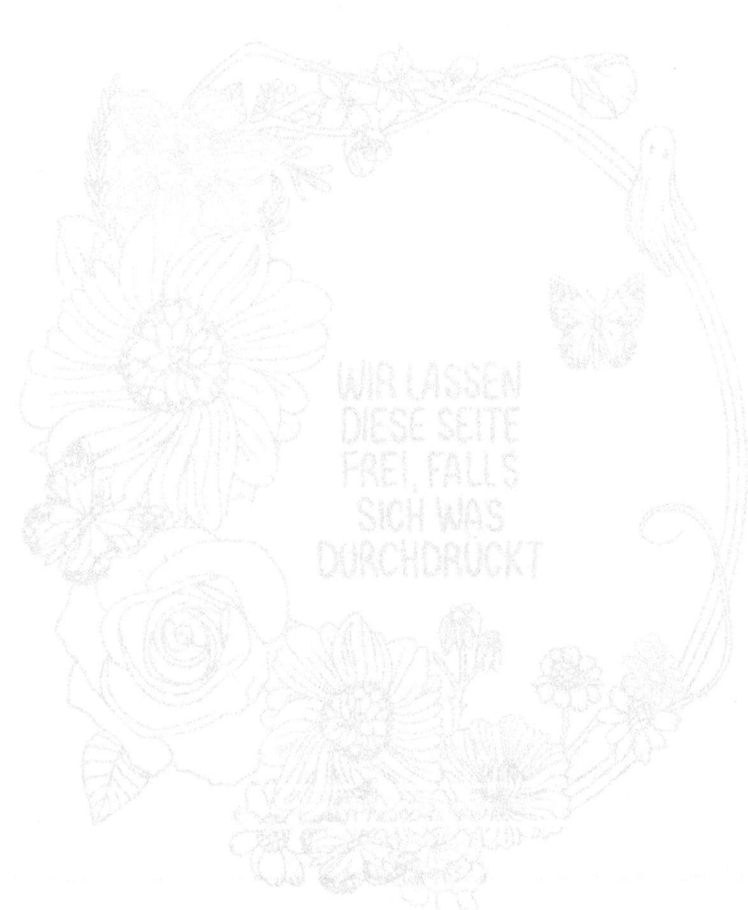
WIR LASSEN
DIESE SEITE
FREI, FALLS
SICH WAS
DURCHDRÜCKT

Tag 6:

Jetzt wird es wieder Ungewohnt. Versuche das Stillleben von der linken auf die rechte Seite zu übertragen und lege dabei eine Emotion in die Linie mit der du arbeitest. Versuche die Linien mit denen du arbeitest "ängstlich" und "schüchtern" aussehen zu lassen.

Probiere zuerst auf dieser Seite verschiedene Stifte, um auszuwählen, welcher sich am besten eignet. Unterschreibe hierzu mehrfach auf dieser Seite.

Beginne dazu mit deiner normalen Unterschrift.

Gehe dann dazu über überdurchschnittlich selbstbewusst zu unterschreiben, um dann in das genau Gegenteil überzugehen und "ängstlich" und "schüchtern" zu unterschreiben. (Solltest du deinen Prozess via Social Media teilen, achte darauf, dass es niemanden im Internet etwas angeht, wie du unterschreibst. Ggf. kannst du natürlich auch mit einem ausgedachten Namen unterschreiben.)

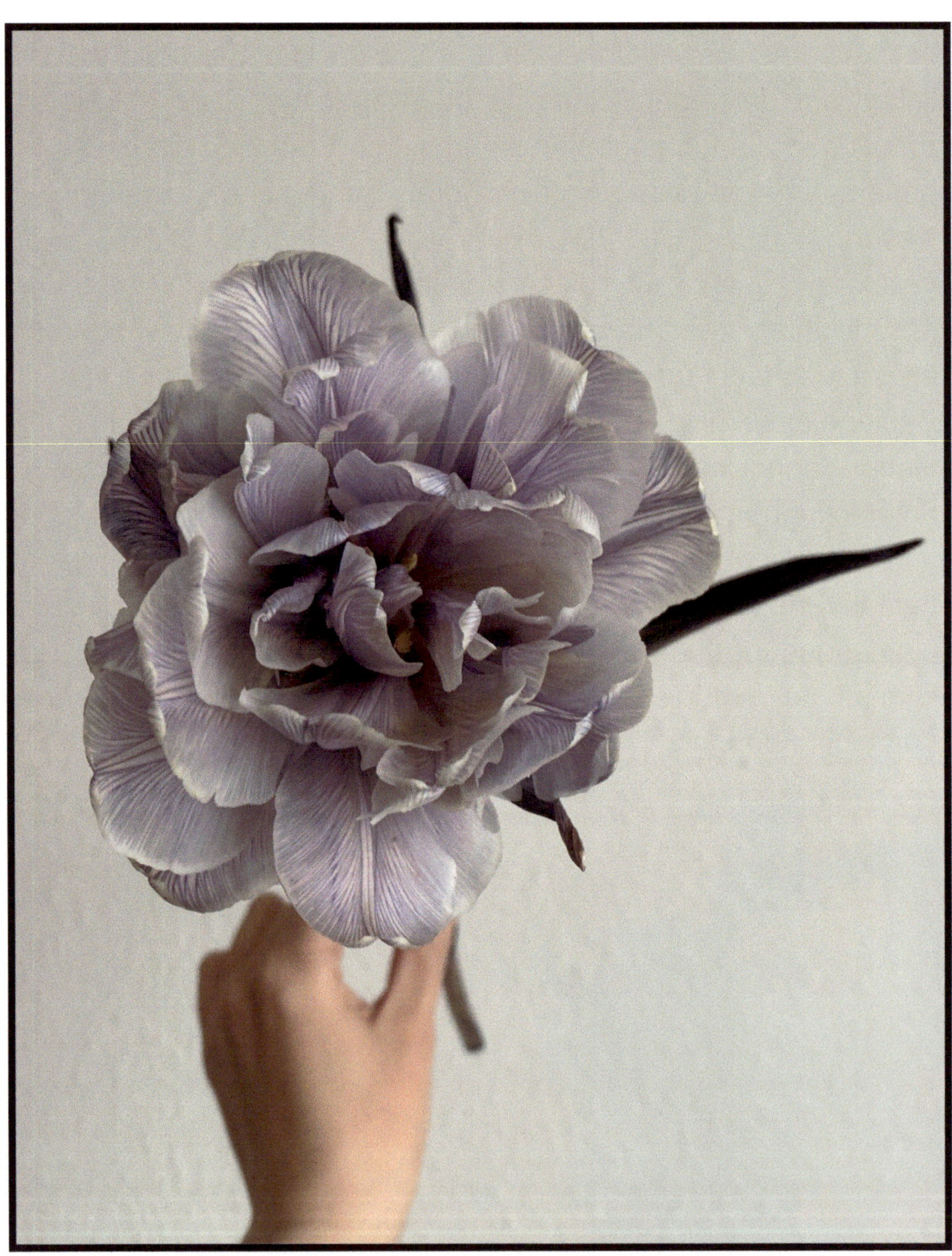

WIR LASSEN
DIESE SEITE
FREI, FALLS
SICH WAS
DURCHDRUCKT

Tag 7:

Licht, Schatten und Räumlichkeit sollen bei dieser Übung im Vordergrund stehen. Du hast nun optimale Voraussetzungen, in Form einer fotografischen Vorlage und einer Vorzeichnung, an der du dich bezüglich der Proportionen orientieren kannst. Versuche nun dein Werk so zu gestalten, dass man nicht mehr sieht, das es eine Vorzeichnung gab.

Du hast hier wieder absolut freie Materialwahl.

Es besteht auch die Möglichkeit in einer Farbfamilie zu bleiben, das Bild also beispielsweise lediglich in verschiedenen Blautönen zu gestalten um besonderen Fokus auf die verschiedenen Helligkeitsstufen zu legen. Wichtig ist bei dieser Aufgabe wieder das genaue Hinsehen, insbesondere im Bereich der Schatten. Ein Schatten ist nicht überall gleich dunkel, sondern es gibt Abstufungen. Versuche diese Abstufungen bereits an der fotografischen Vorlage auszumachen und dir zu markieren. Es gibt extra mehr Randfläche auf der nächsten Seite, sodass du dir Notizen machen kannst.

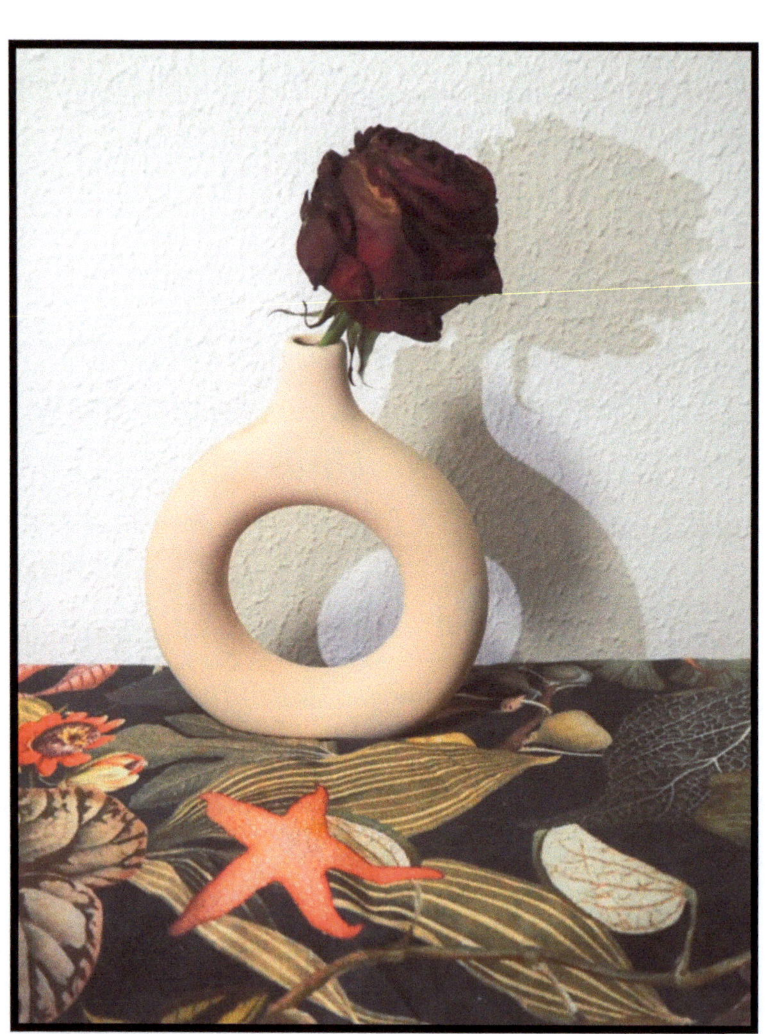

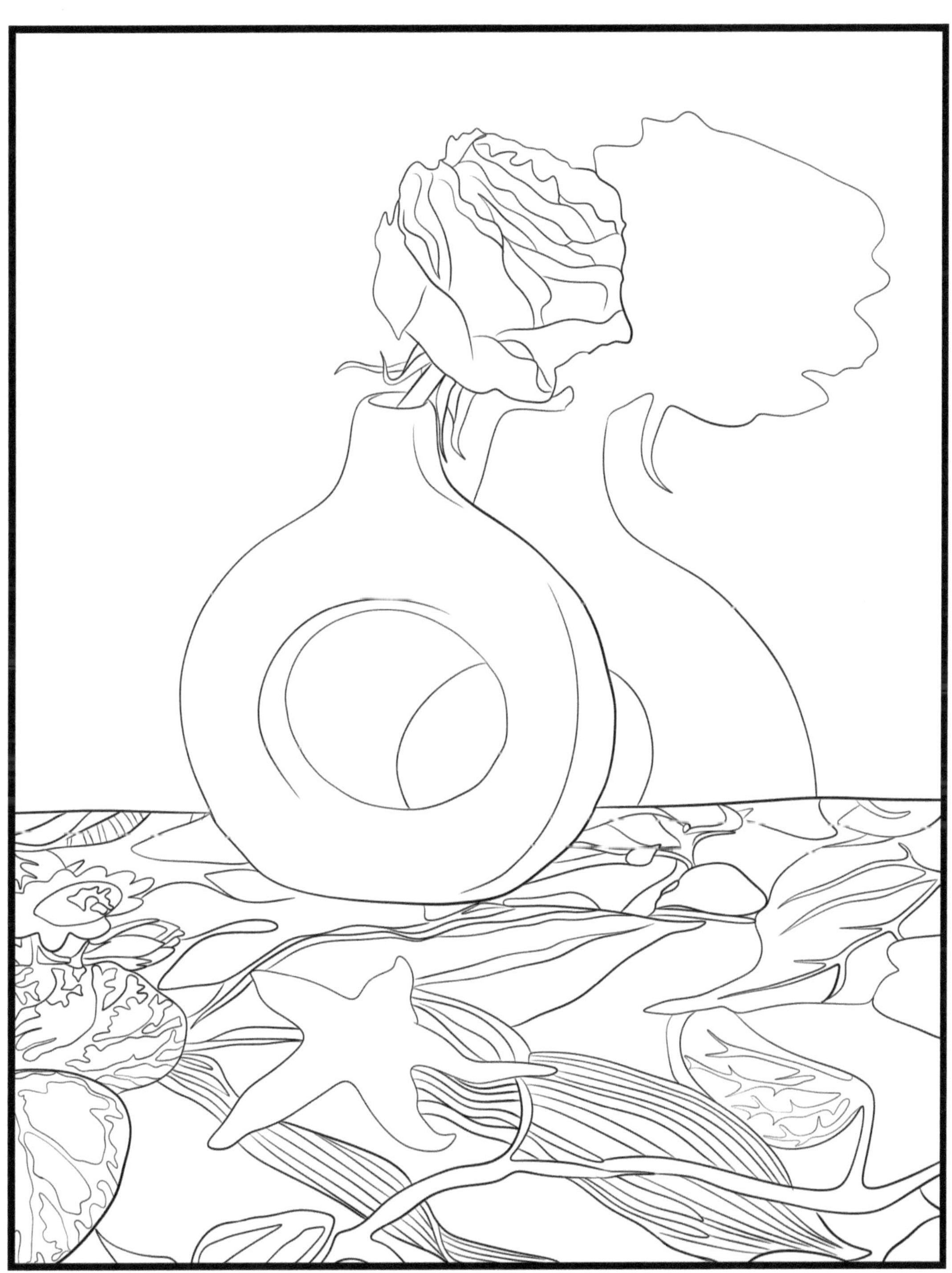

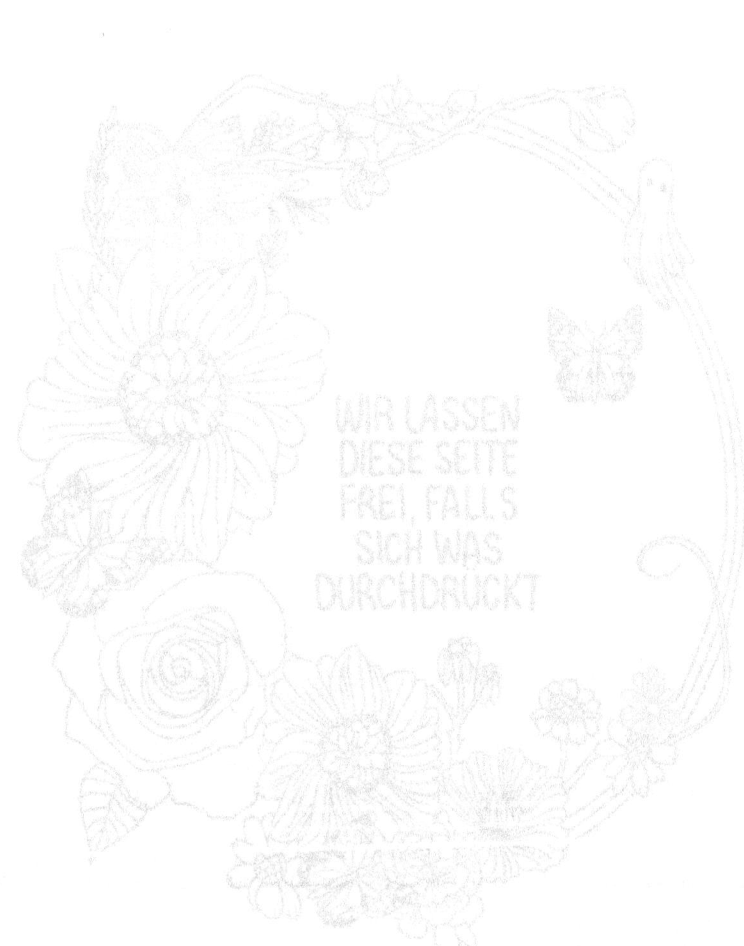

WIR LASSEN
DIESE SEITE
FREI, FALLS
SICH WAS
DURCHDRUCKT

Tag 8:

Schnapp dir einen Fineliner oder einen Kugelschreiber und ergänze das Werk, ausschließlich mit schwarzen Linien.

Es gibt die sogenannte Schraffur. Versuche verschiedene Formen der Schraffur zu integrieren und übe gerne auf dieser Seite verschiedene Möglichkeiten. Wichtig bei der Schraffur ist jedoch, dass es sich nicht um eine durchgezogene Linie handelt, sondern um mehrere einzelne Linien, die eine Art Gitter bilden und so Dunkelheiten oder eine Illusion von Dreidimensionalität erzeugen können.

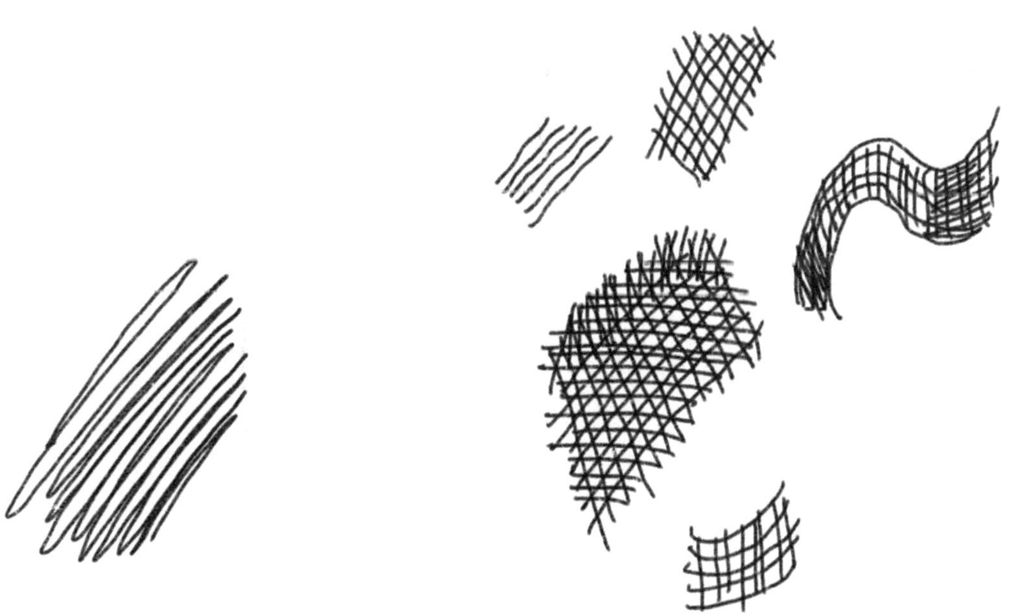

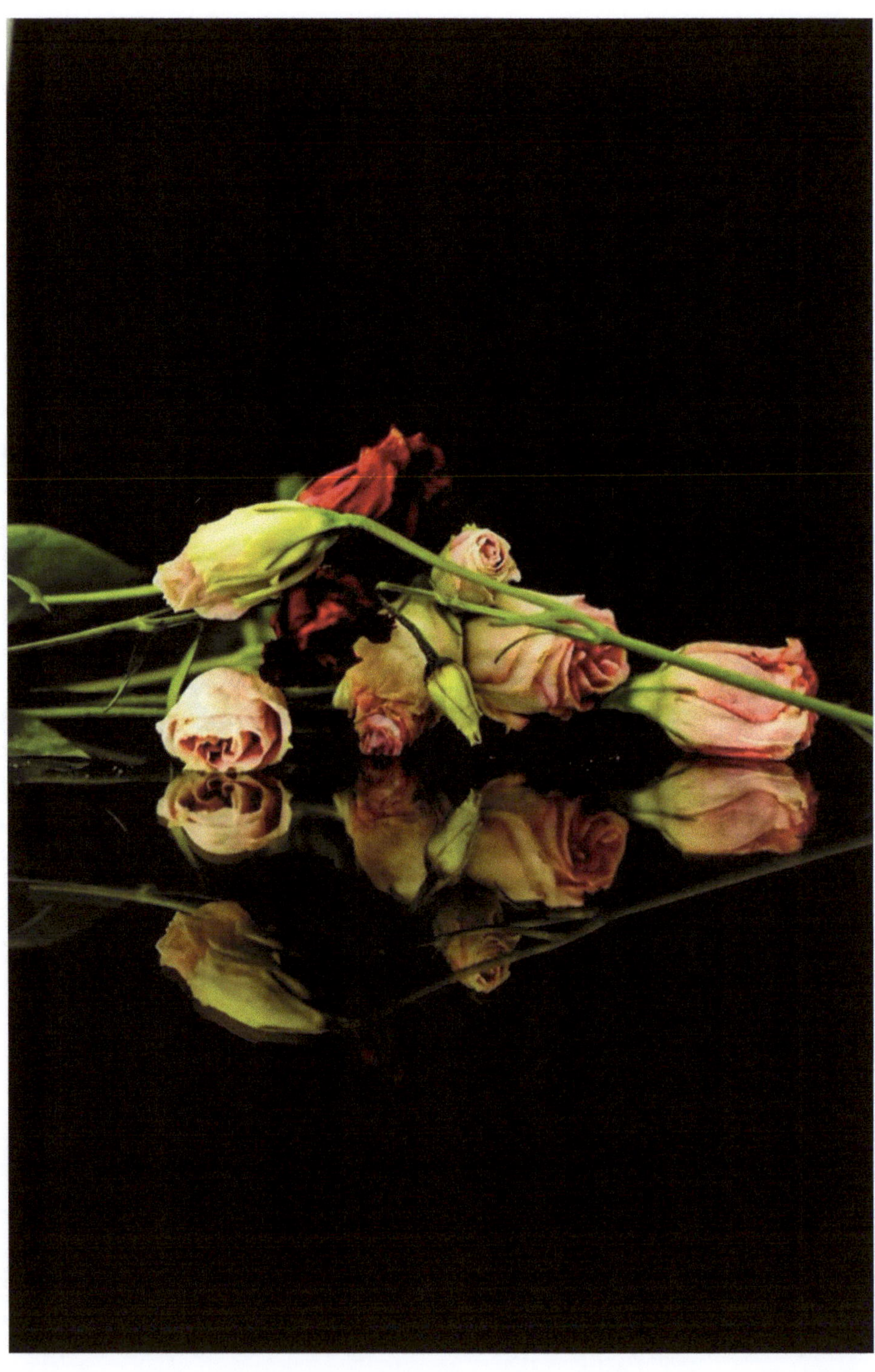

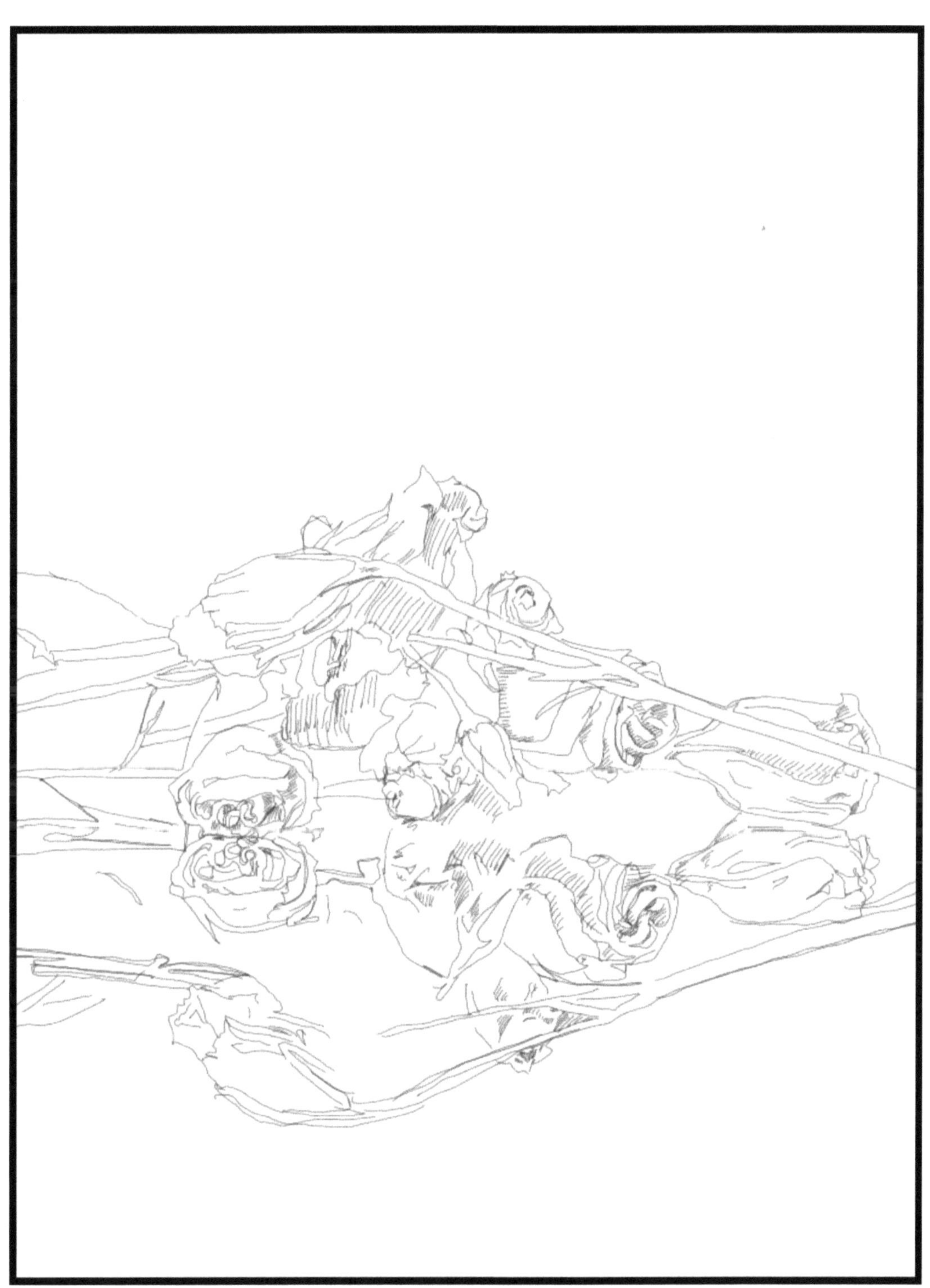

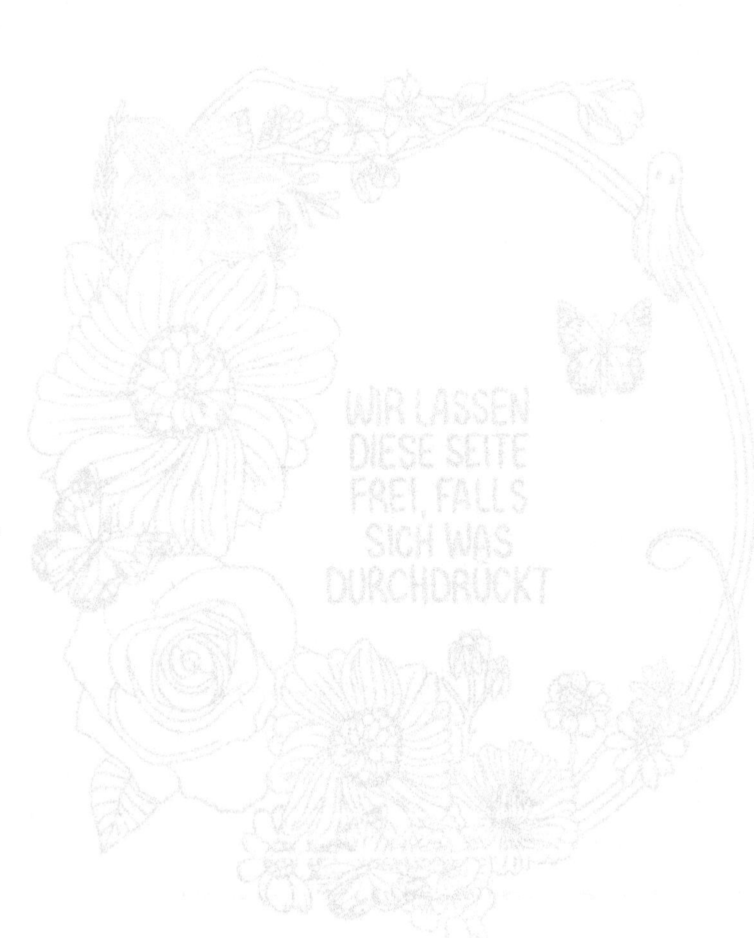
WIR LASSEN
DIESE SEITE
FREI, FALLS
SICH WAS
DURCHDRUCKT

Tag 9:

Nutze nun deine absolute Lieblingstechnik um das folgende Blumenstillleben in dein Format zu übertragen. Solltest du mit Acrylfarbe, Gouache oder Aquarellfarbe malen, könnte es hilfreich sein ein festeres Papier als Bildträger zu wählen. Gerne kannst du dein Werk anschließend einkleben.

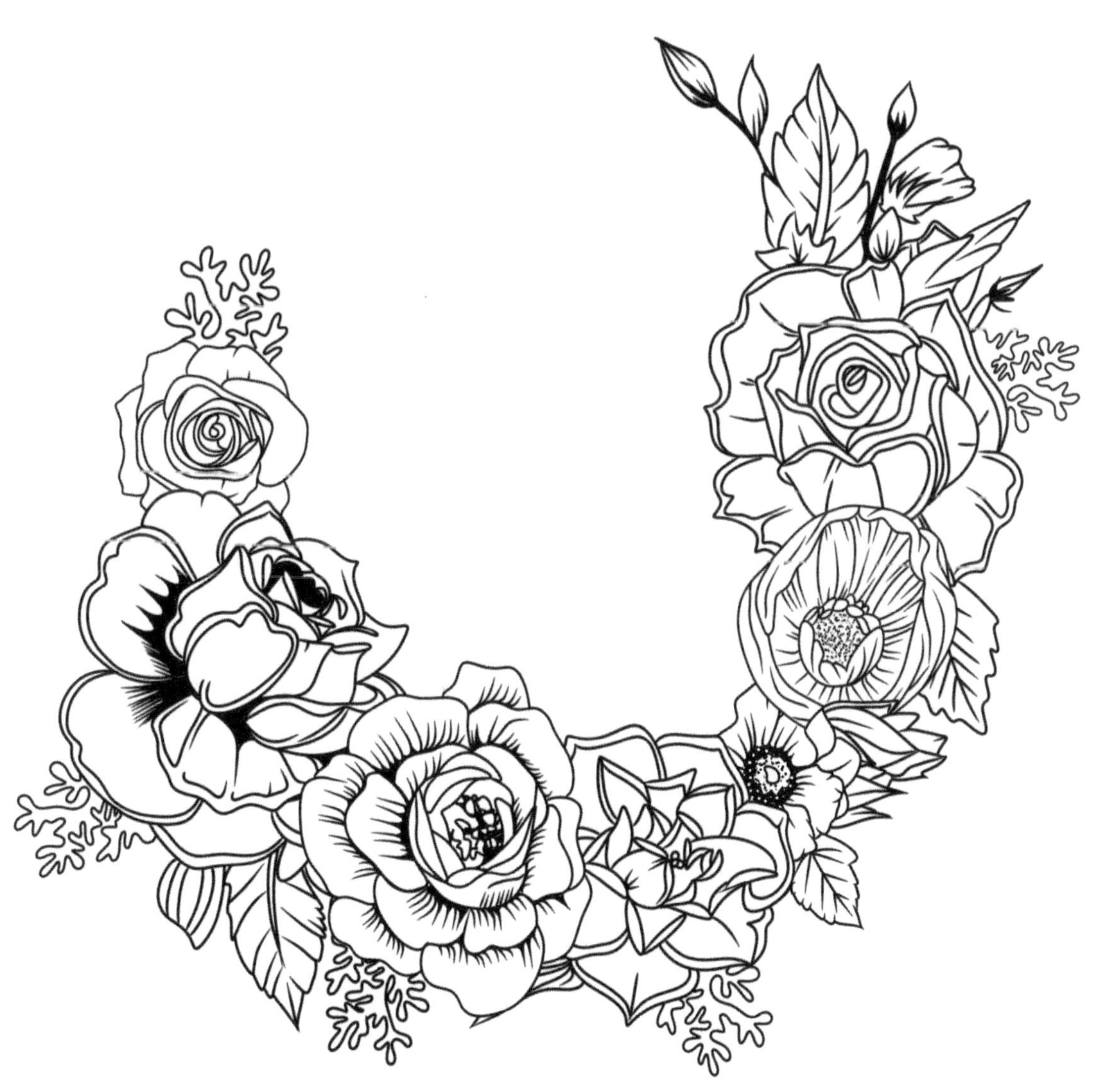

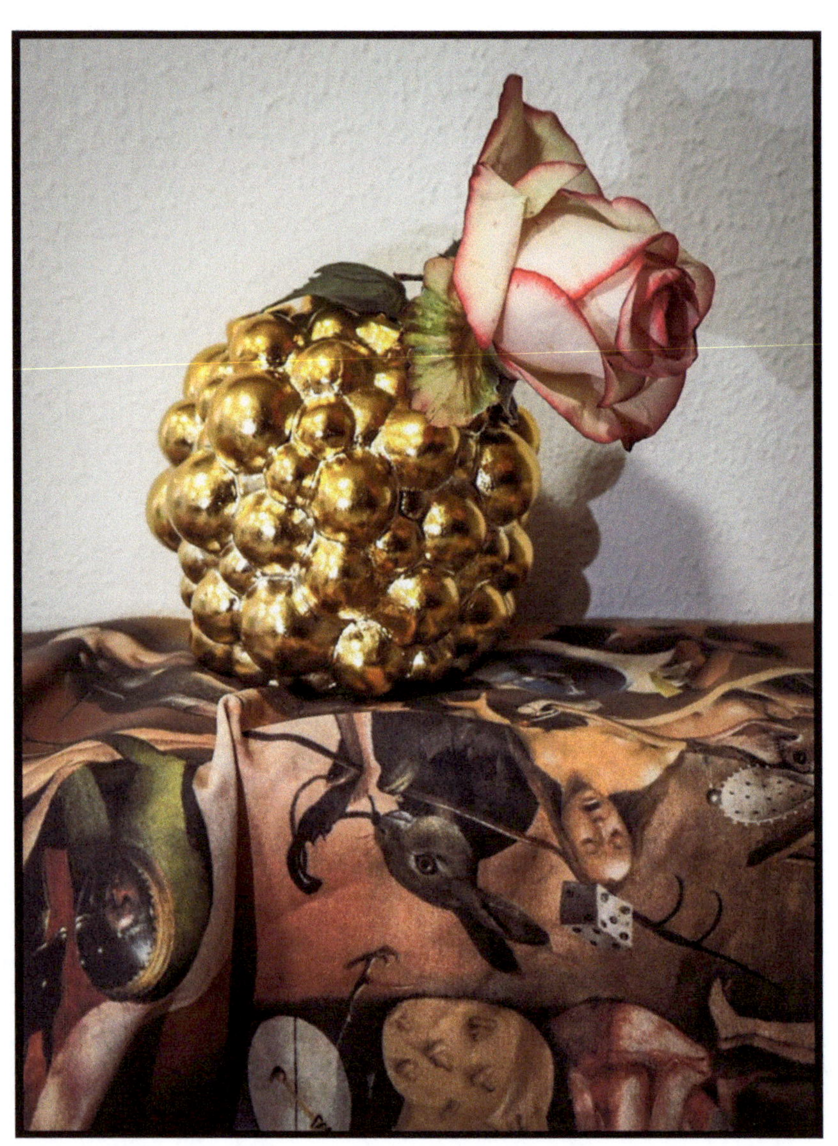

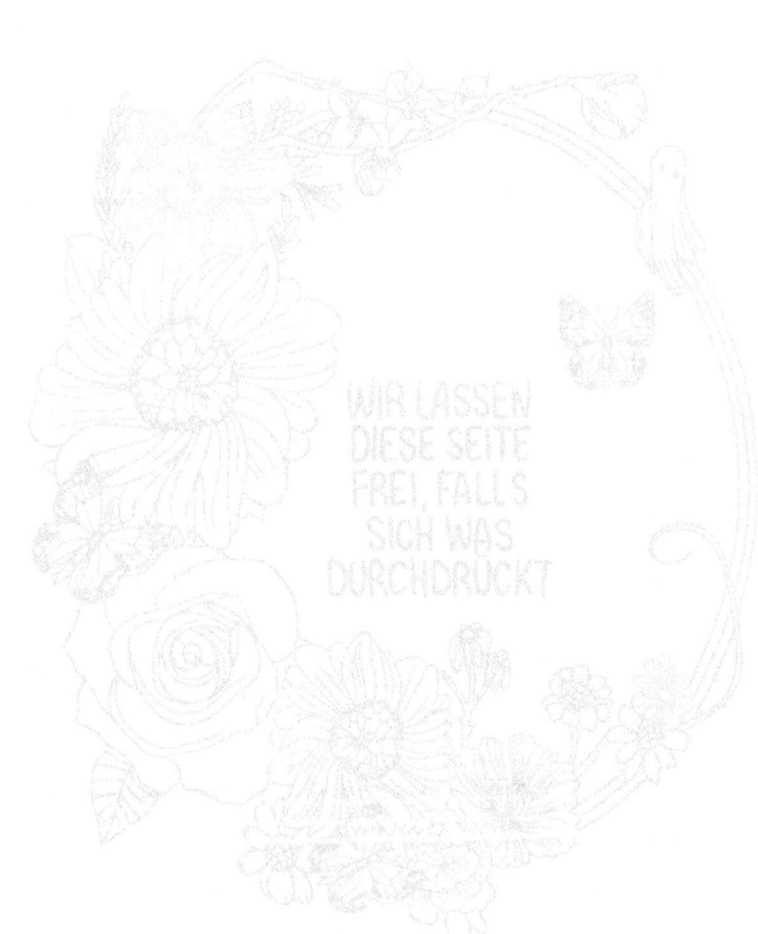
WIR LASSEN
DIESE SEITE
FREI, FALLS
SICH WAS
DURCHDRUCKT

Tag 10:

Bring Farbe in dieses Stillleben.

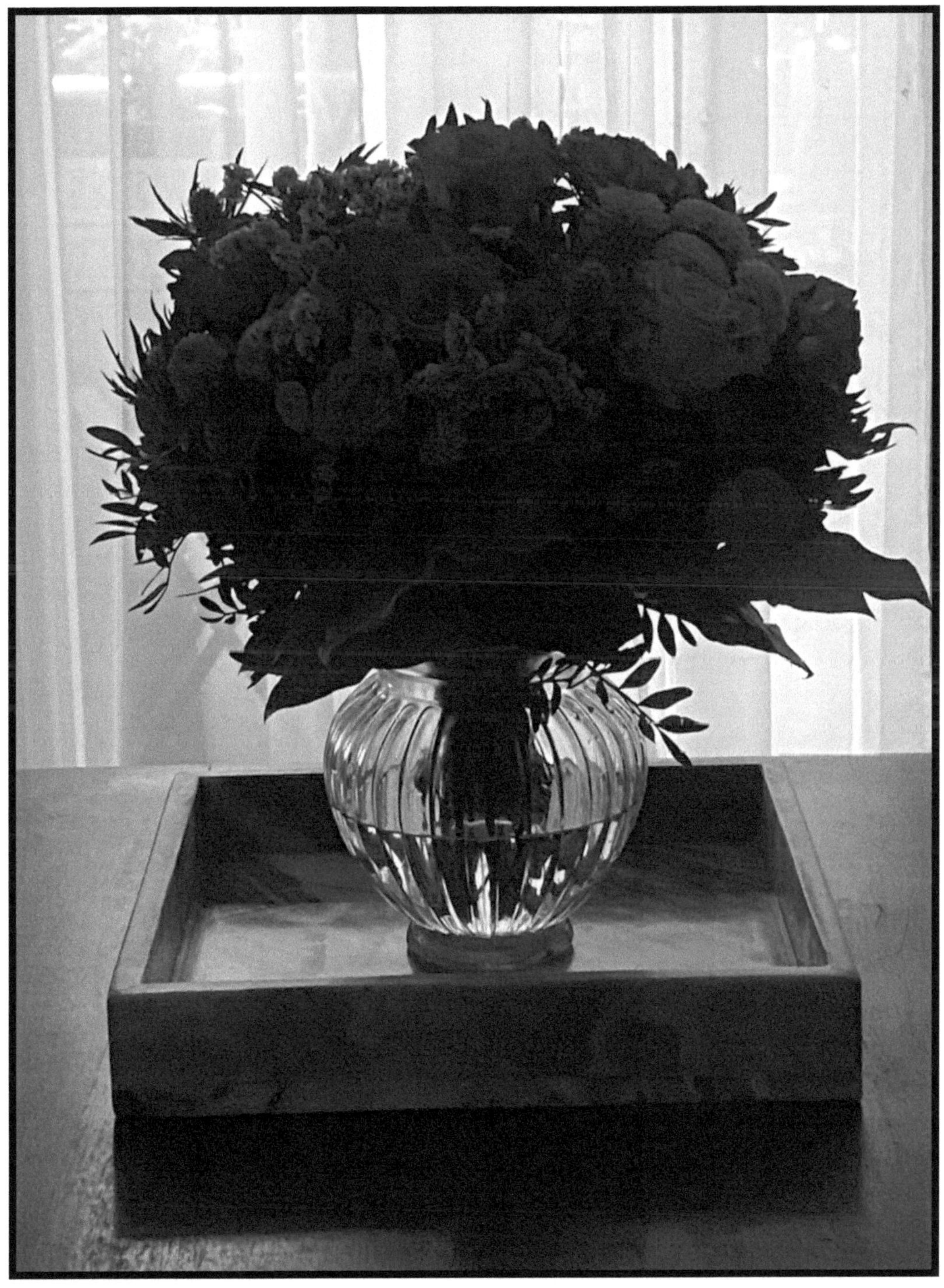

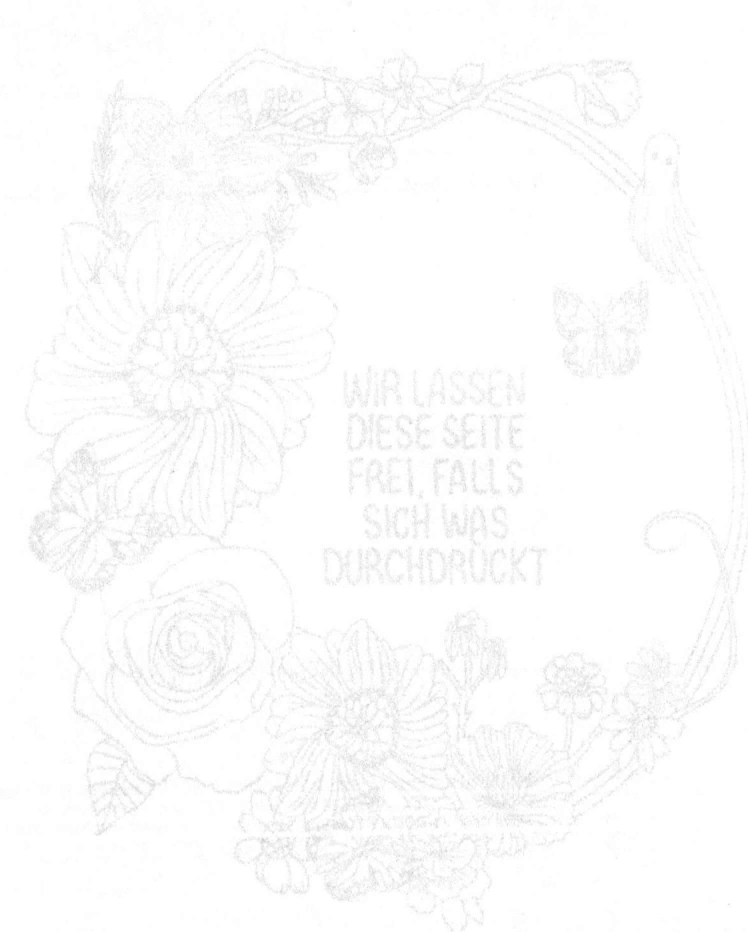
WIR LASSEN
DIESE SEITE
FREI, FALLS
SICH WAS
DURCHDRÜCKT

Tag 11:

Jetzt geht es los. Du benötigst einen Blumenstrauß, oder eine Schnittblume, die du so inszenierst, wie es dir am besten gefällt. Dieser Blumenstrauß wird das Motiv der nächsten sieben Tage werden. Manchmal ist es wichtig ein Motiv zu vertiefen um richtig kreativ zu werden. Lass dich also auf dieses Experiment ein und sollte es dir sehr schwer fallen diese sieben Tage vermeintlich immer nur "dasselbe" zu machen, schau dir mal das Werk des Künstlers Peter Dreher an.

In den nächsten sieben Tagen soll immer wieder der Blumenstrauß gemalt werden. Versuche auch alles um den Strauß herum möglichst gleich zu halten, sodass sich nur dein Ausdruck verändert.

Beim ersten Bild geht es darum den Blumenstrauß ganz und in Farbe zu erfassen. Gerne in diesem Buch oder auch auf einem festeren Papier oder sogar auf Leinwand. Klebe dann gerne ein Foto von deiner jeweiligen Arbeit ein, um dich auch Jahre später noch daran zu erinnern.

Wenn du dein Stillleben aufbaust, achte darauf dass du spannende Lichtquellen hast. Vielleicht ist es sinnvoll am Fenster zu arbeiten.

Frage dich bei der Anordnung deines Stilllebens, welche Botschaft es transportieren soll und mache zwischendurch immer mal wieder ein Foto, um zu sehen wie es zweidimensional in einem Bildformat wirkt.

Gerne kannst du auch eine spannende Tischdecke integrieren, ob du sie am Ende wirklich malst bleibt ganz dir überlassen.

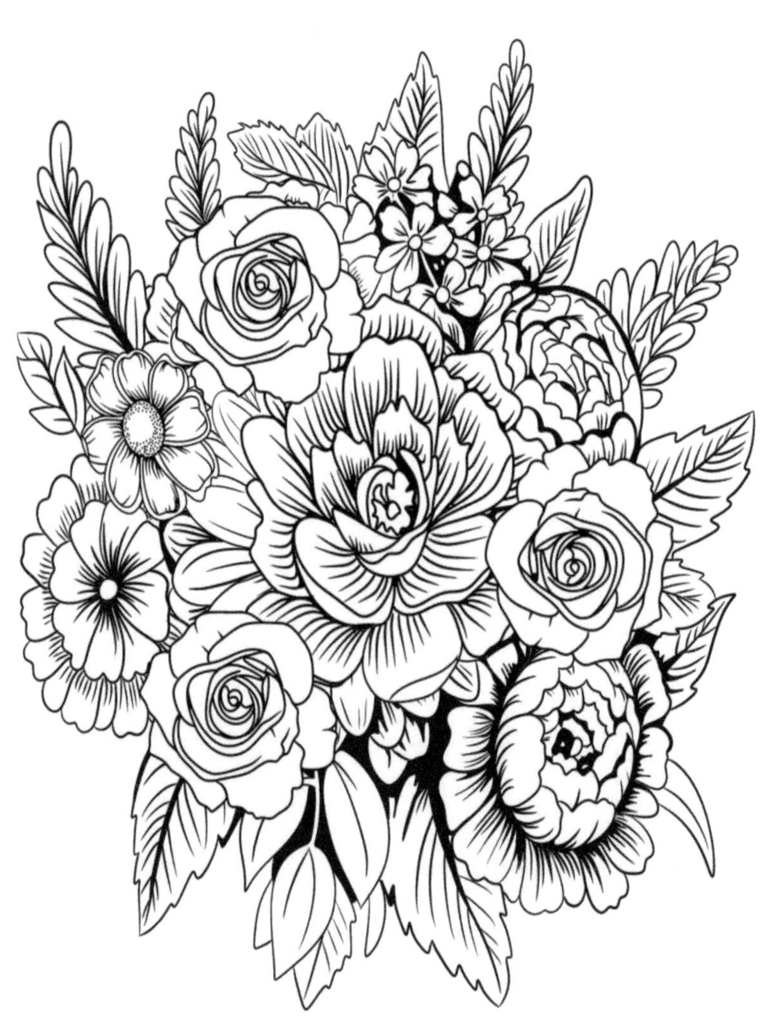

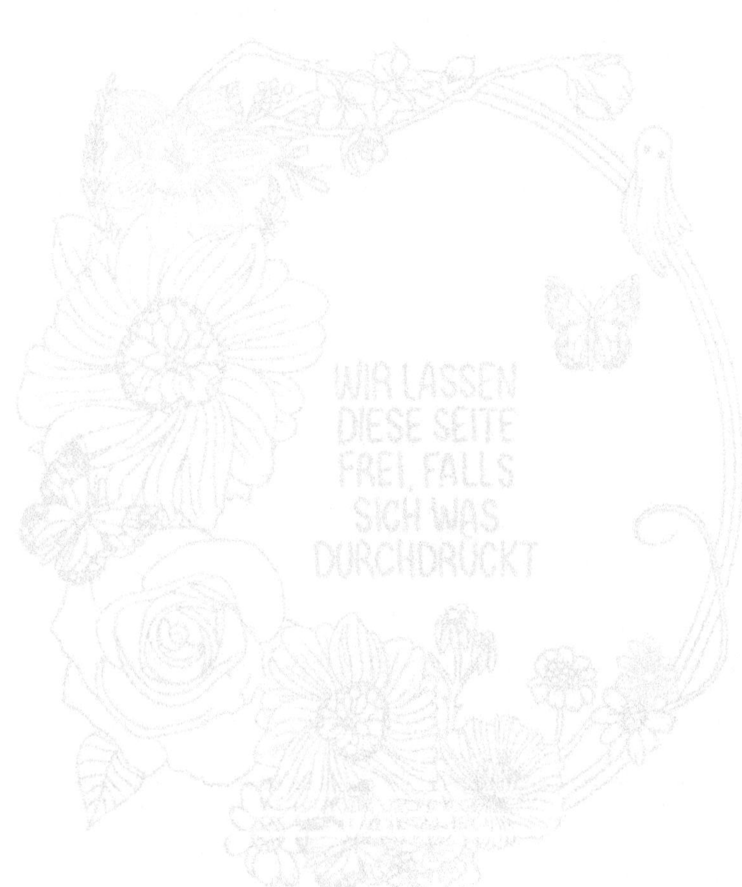
WIR LASSEN
DIESE SEITE
FREI, FALLS
SICH WAS
DURCHDRÜCKT

Tag 12:

Male erneut dein Stillleben:

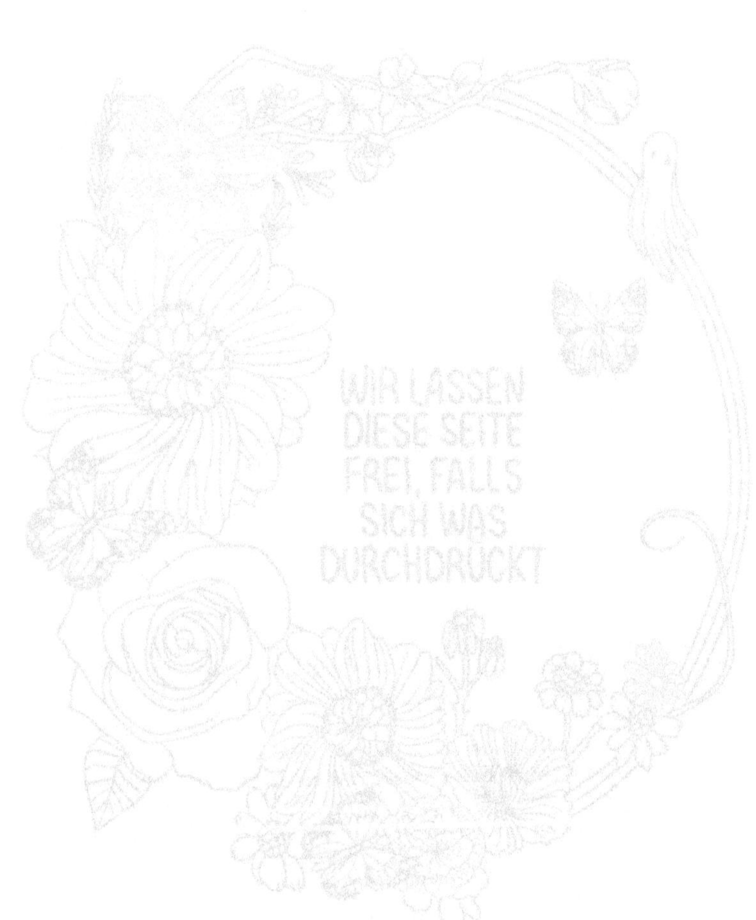

WIR LASSEN
DIESE SEITE
FREI, FALLS
SICH WAS
DURCHDRÜCKT

Tag 13:

Male erneut dein Stillleben, aber nutze ein deutlich anderes
Material.

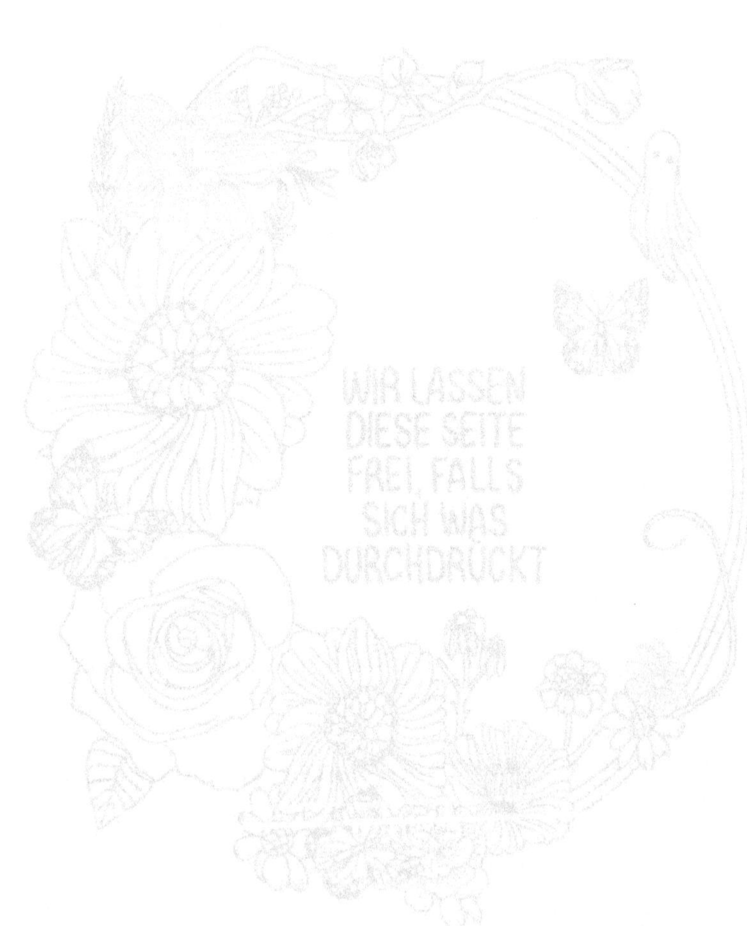
WIR LASSEN
DIESE SEITE
FREI, FALLS
SICH WAS
DURCHDRÜCKT

Tag 14:

Male erneut dein Stillleben, aber lass es "wütend" erscheinen.

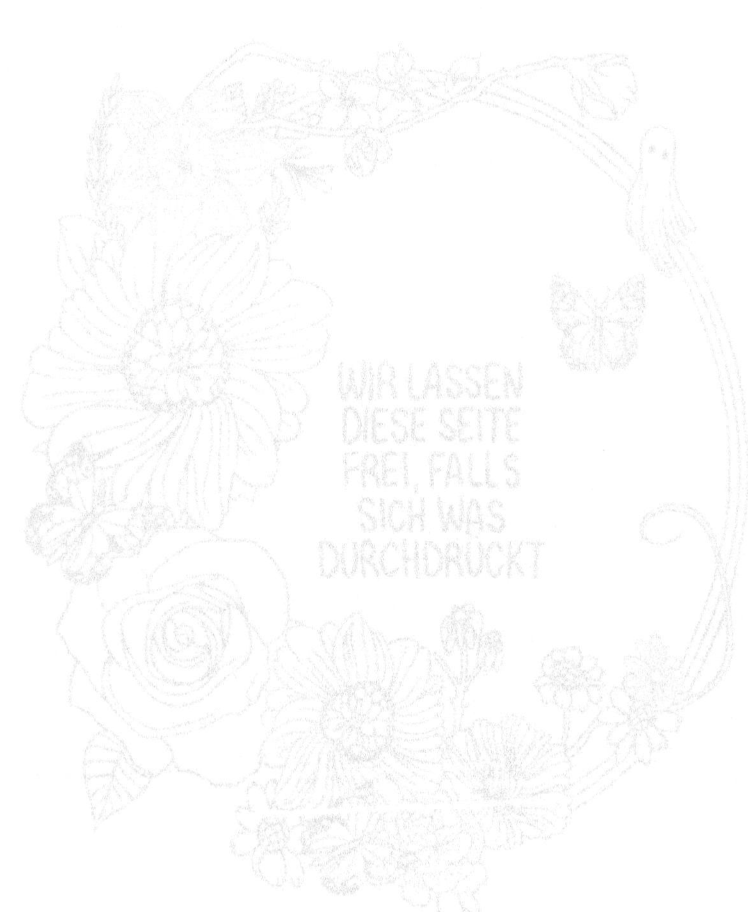
WIR LASSEN
DIESE SEITE
FREI, FALLS
SICH WAS
DURCHDRUCKT

Tag 15:

Zeichne dein Stillleben und achte besonders auf Schattierungen.

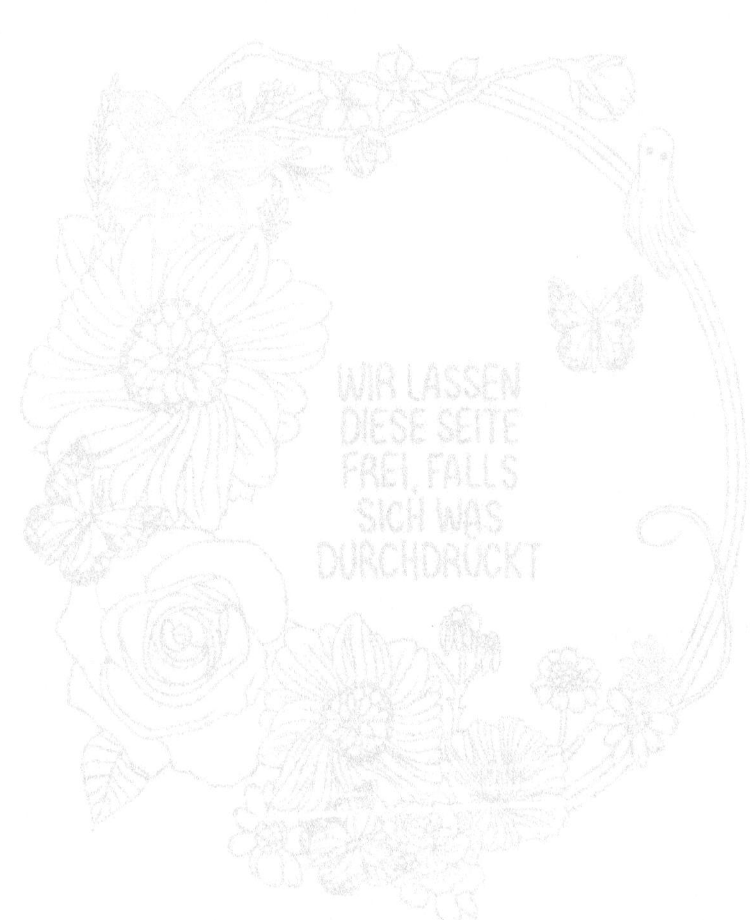

WIR LASSEN
DIESE SEITE
FREI, FALLS
SICH WAS
DURCHDRUCKT

Tag 16:

Male das Stillleben und lasse deine heutige Stimmung einfließen.

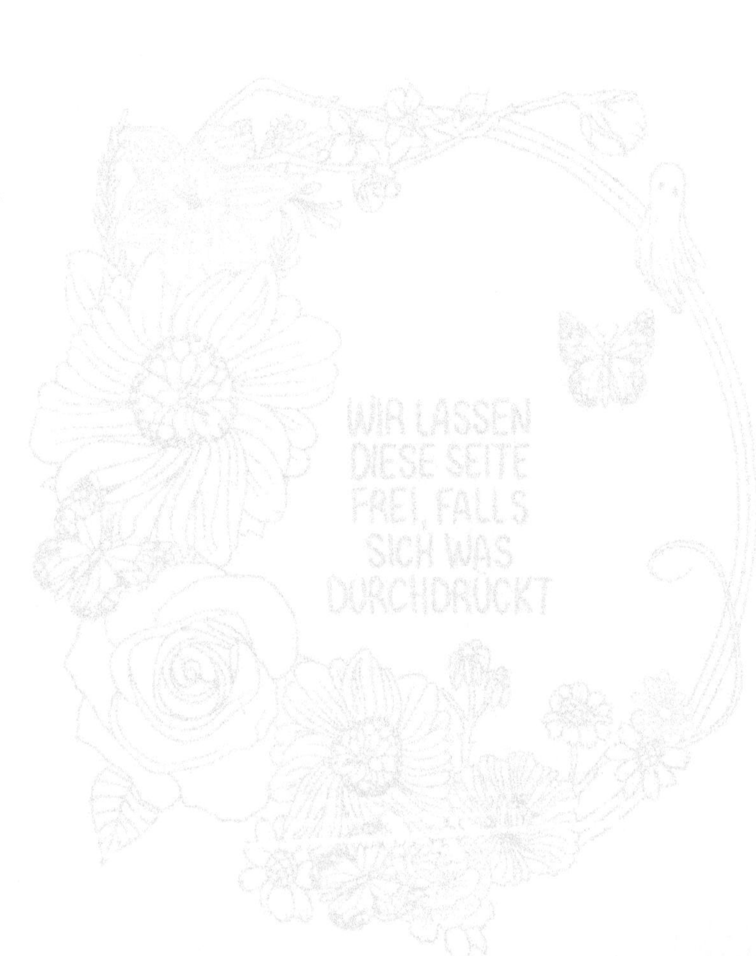
WIR LASSEN
DIESE SEITE
FREI, FALLS
SICH WAS
DURCHDRÜCKT

Tag 17:

Nimm Abschied von dem Strauß und hebe die Vergänglichkeit in deiner Interpretation hervor.

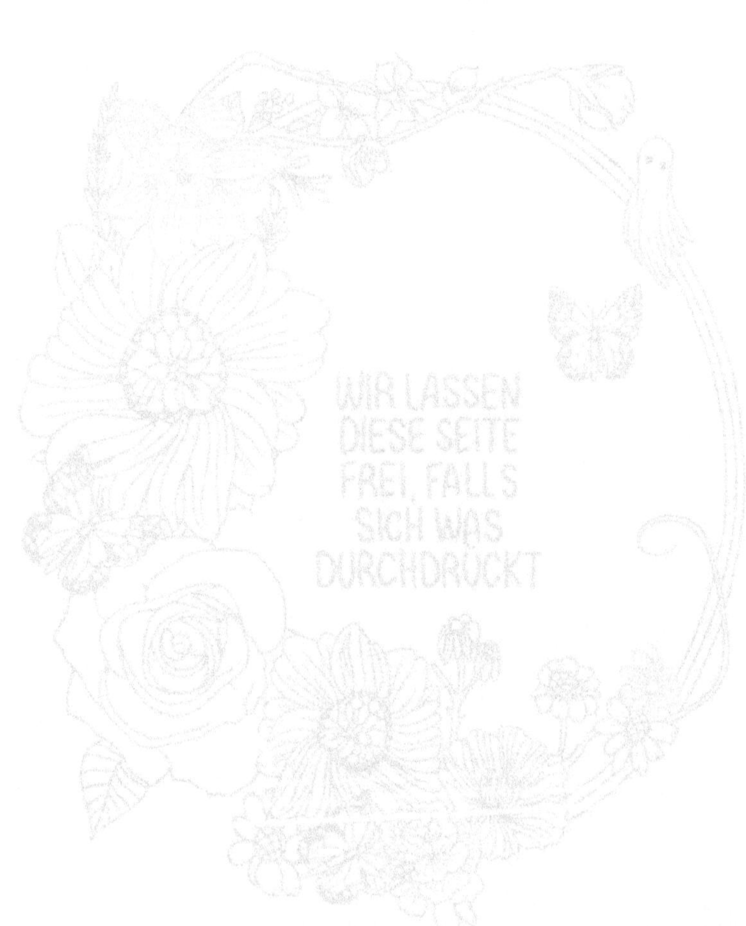
WIR LASSEN
DIESE SEITE
FREI, FALLS
SICH WAS
DURCHDRUCKT

Tag 18:

Suche die eine Blume oder Pflanze und inszeniere sie dramatisch.
Alternativ kannst du dich an meinem Bildbeispiel orientieren.

Nutze diese Seite für Ideen und schnelle Skizzen:

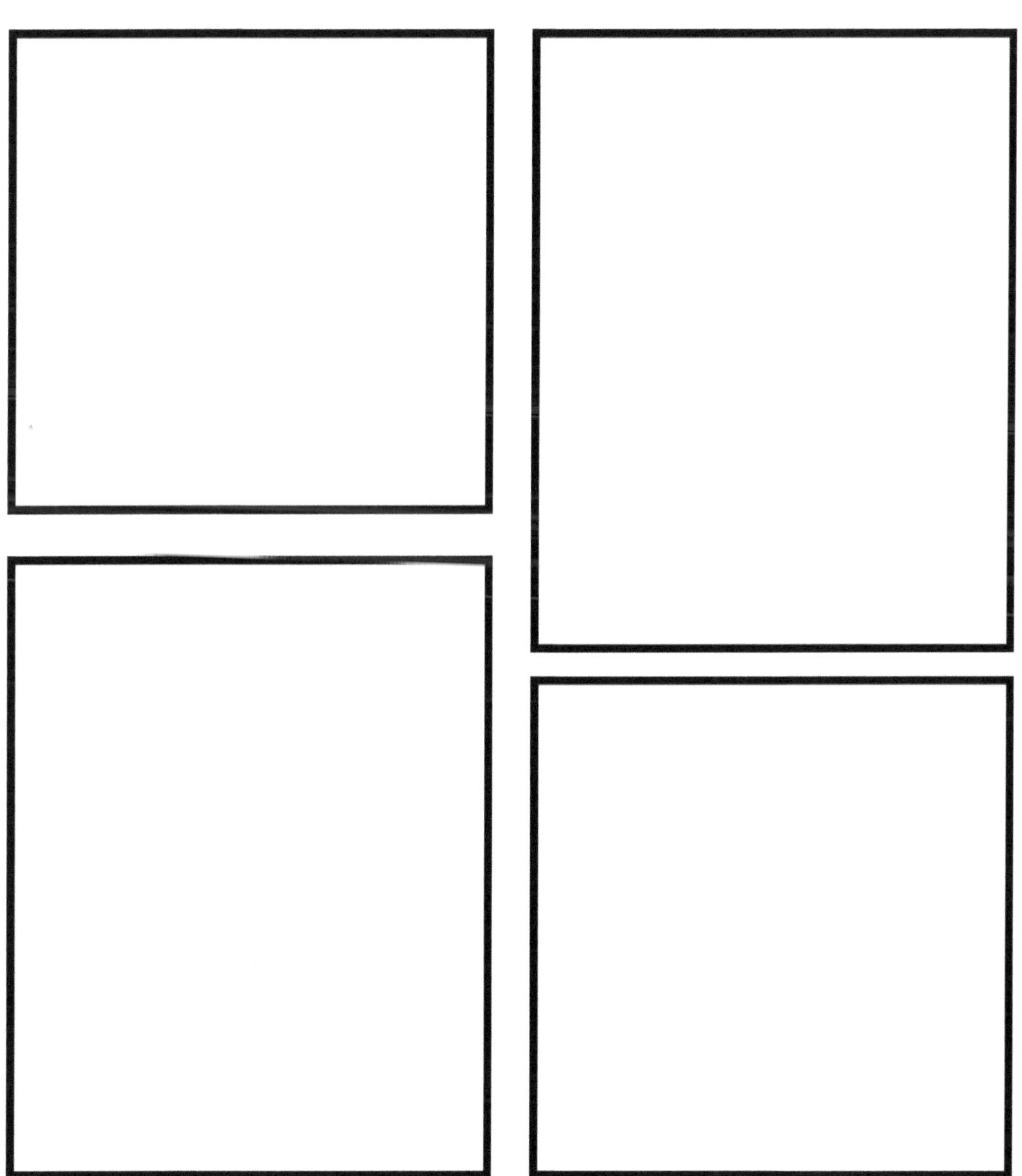

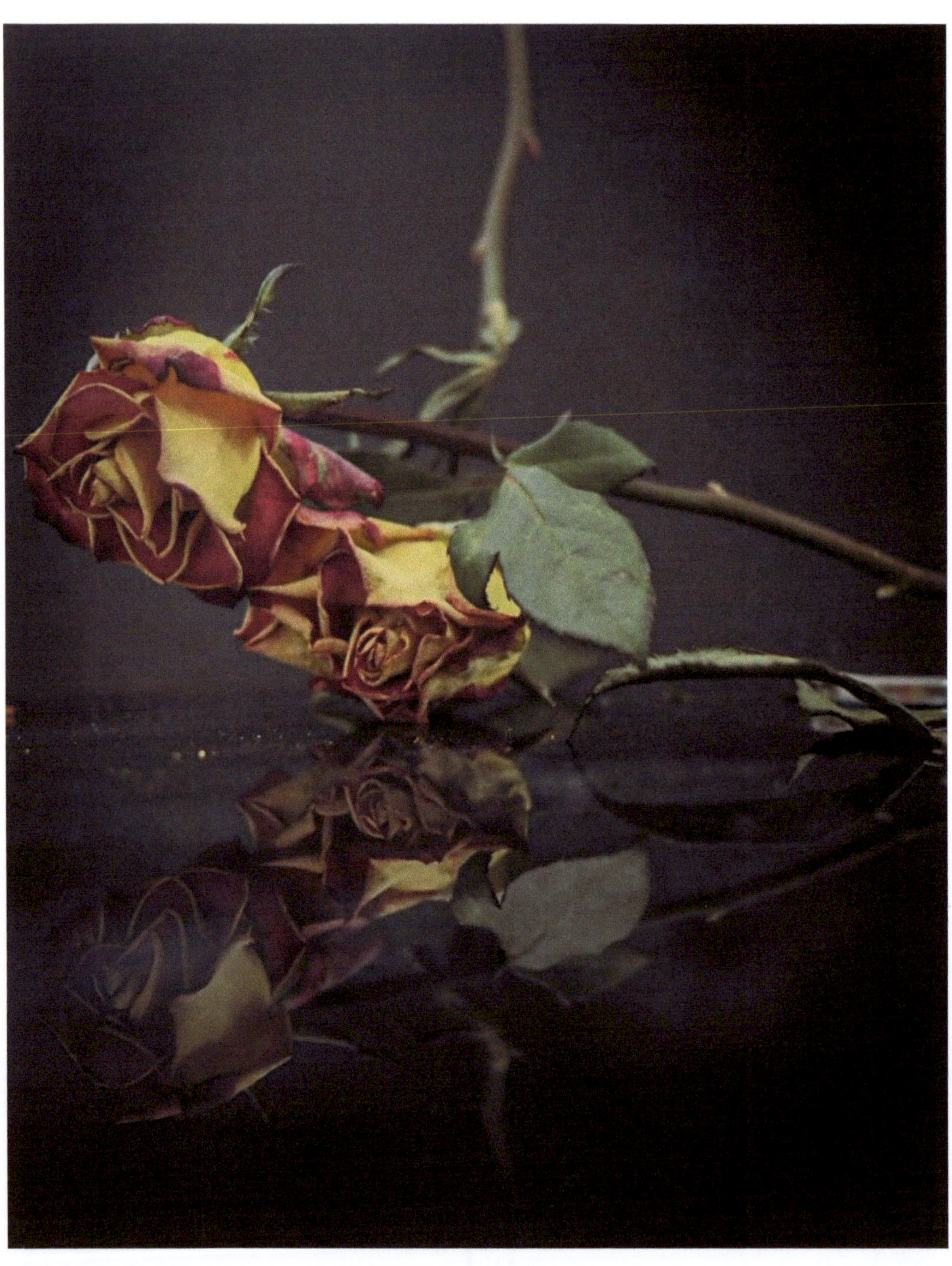

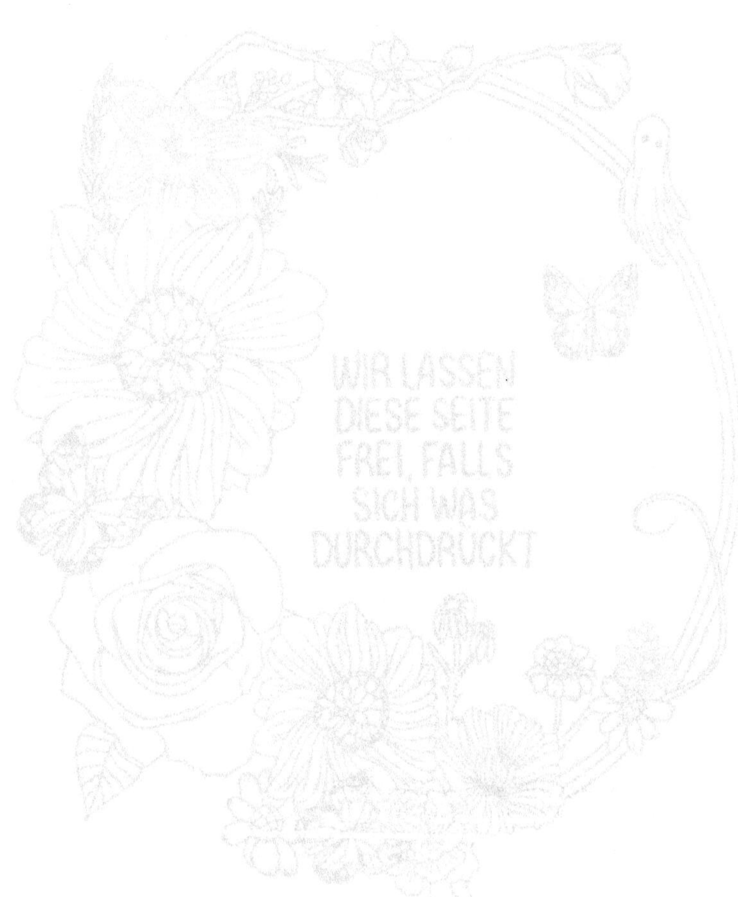
WIR LASSEN
DIESE SEITE
FREI, FALLS
SICH WAS
DURCHDRUCKT

Tag 19:

Erinnerst du dich an den dritten Tag deiner Challenge? Du solltest ein Blumenstillleben in Farben ausmalen, die eine melancholische Gesamtwirkung erzeugen. Versuche nun eine gegenteilige Stimmung zu erzeugen und verlasse deutlich den "traurigen" Bereich. Überlege dir eine Stimmung und koloriere das Bild entsprechend.

Fertige jedoch zuerst ein kurzes Brainstorming an und sammle verschiedene Begriffe und notiere, welche Farben du mit ihnen verbindest. Wenn du dich für eine Stimmung entschieden hast, umkreise sie.

Brainstorming:

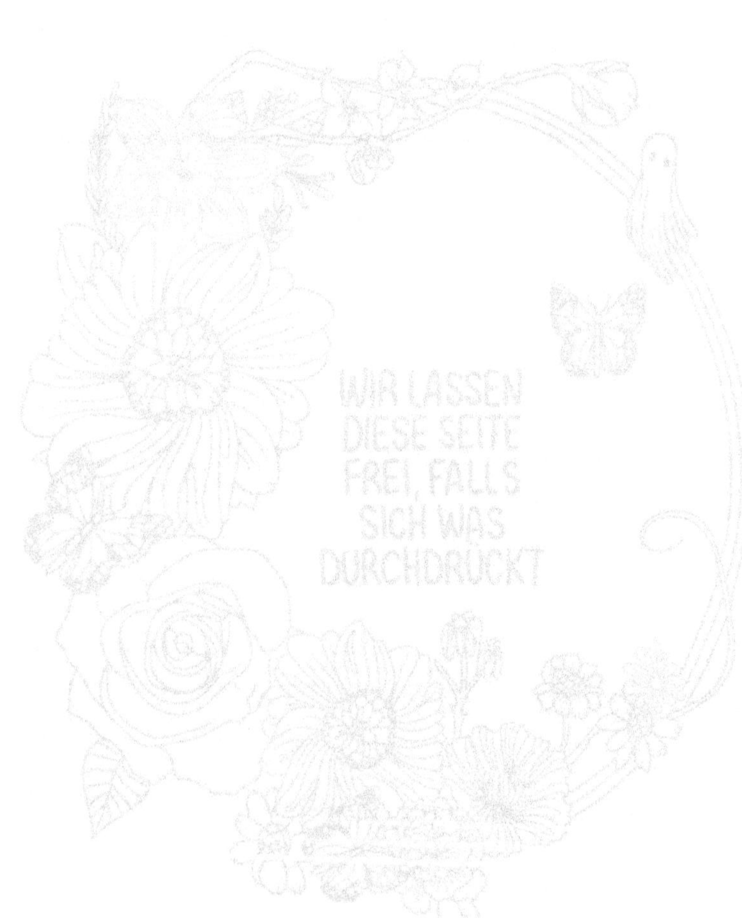
WIR LASSEN
DIESE SEITE
FREI, FALLS
SICH WAS
DURCHDRÜCKT

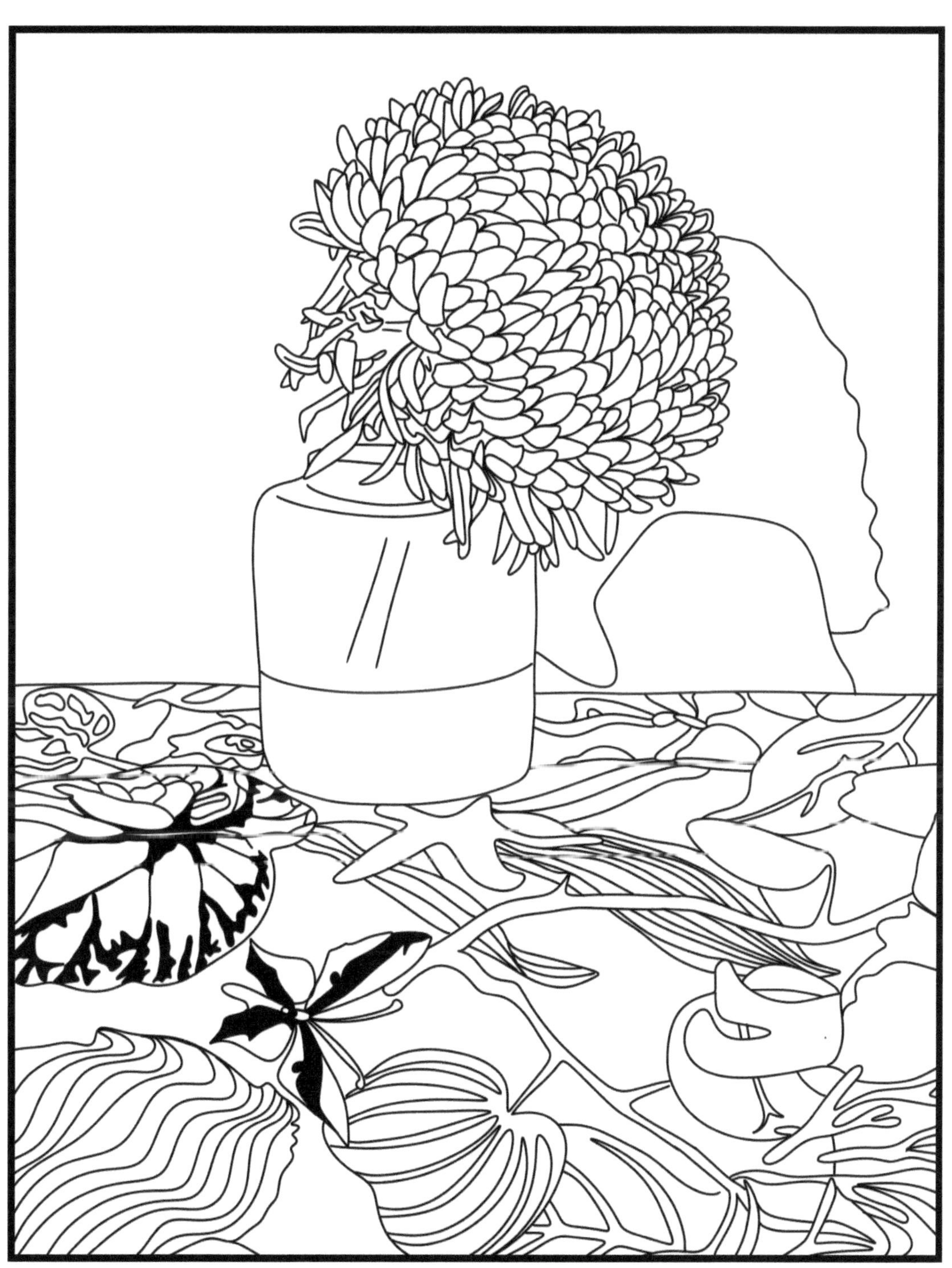

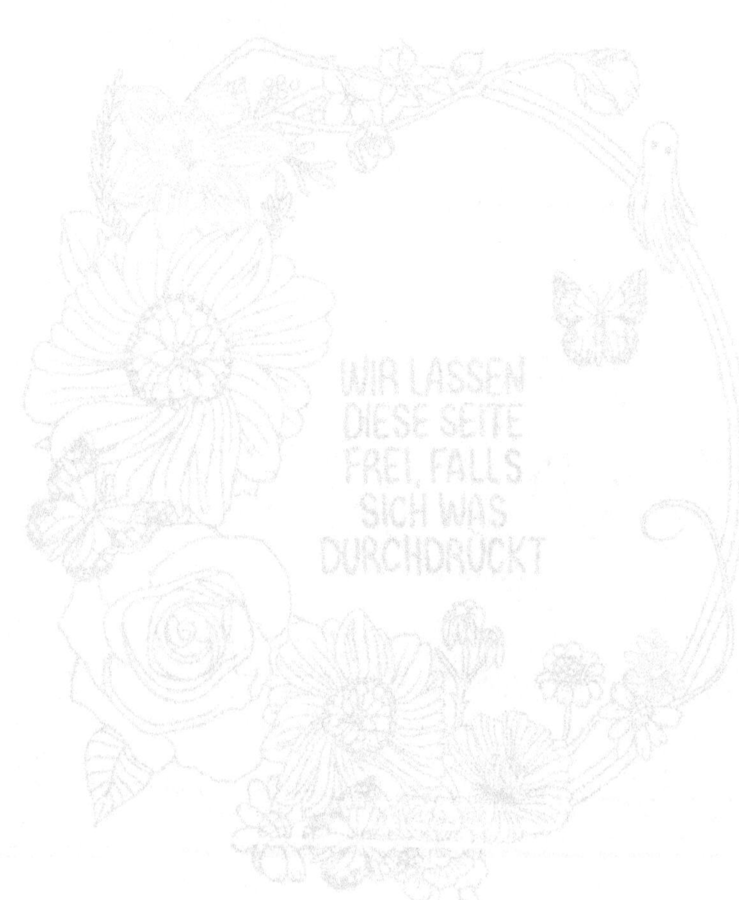
WIR LASSEN
DIESE SEITE
FREI, FALLS
SICH WAS
DURCHDRÜCKT

Tag 20:

Übersetze das vorliegende Stillleben in den Stil des Pop Arts. Google hierzu die Künstler "Roy Lichtenstein" und "Andy Warhol" und suche dir Inspiration.

Tipp: Du solltest die Umrandungen mit einem dicken schwarzen Filzstift ausführen.

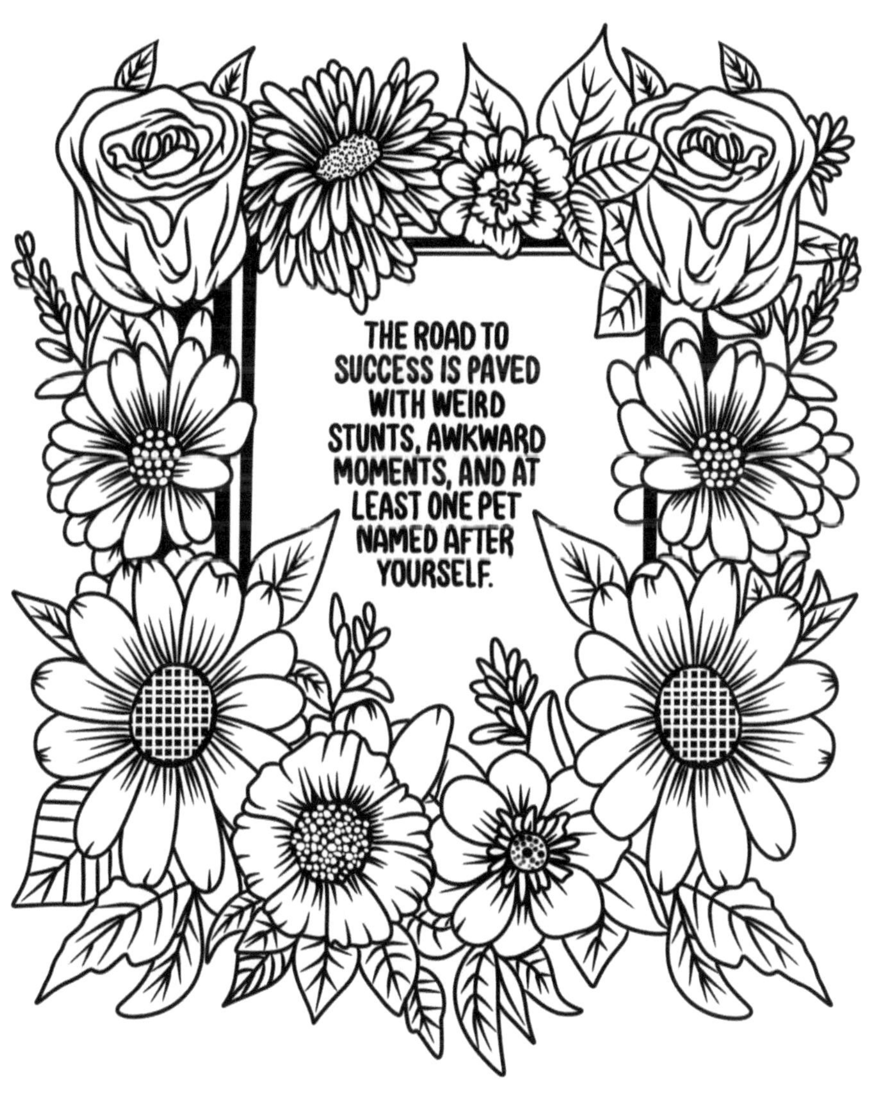

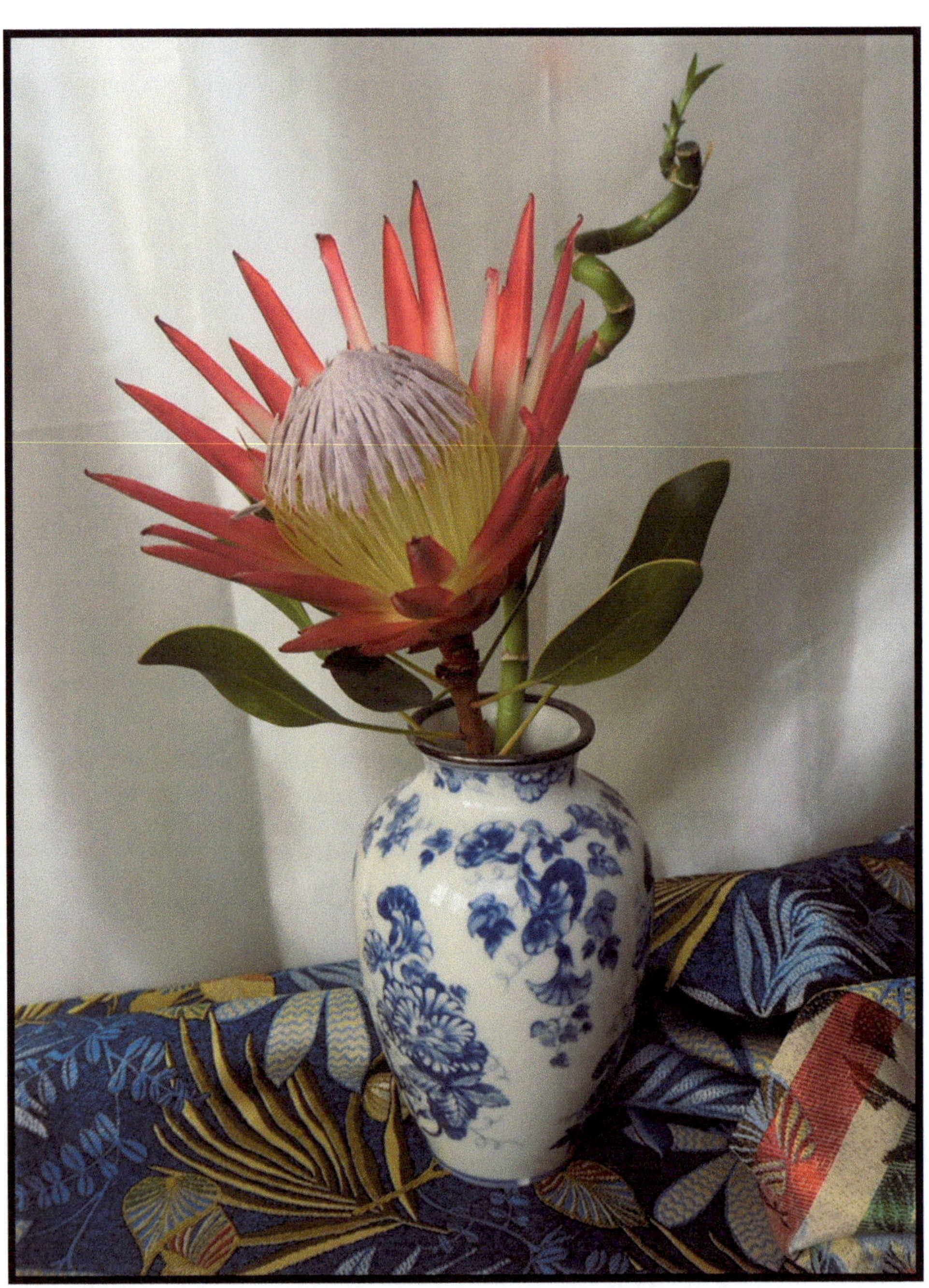

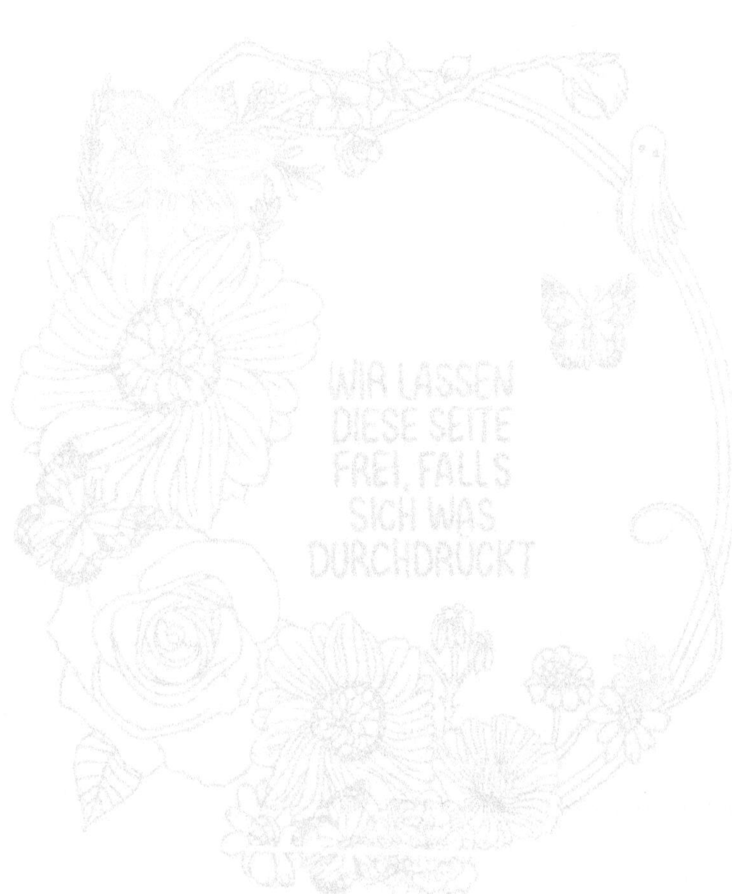

WIR LASSEN
DIESE SEITE
FREI, FALLS
SICH WAS
DURCHDRUCKT

Tag 21:

Male das Stillleben und versuche folgendes Narrativ zu transportieren:

"Die Blume ist gefangen in der Vase und sehnt sich danach die große weite Welt zu sehen."

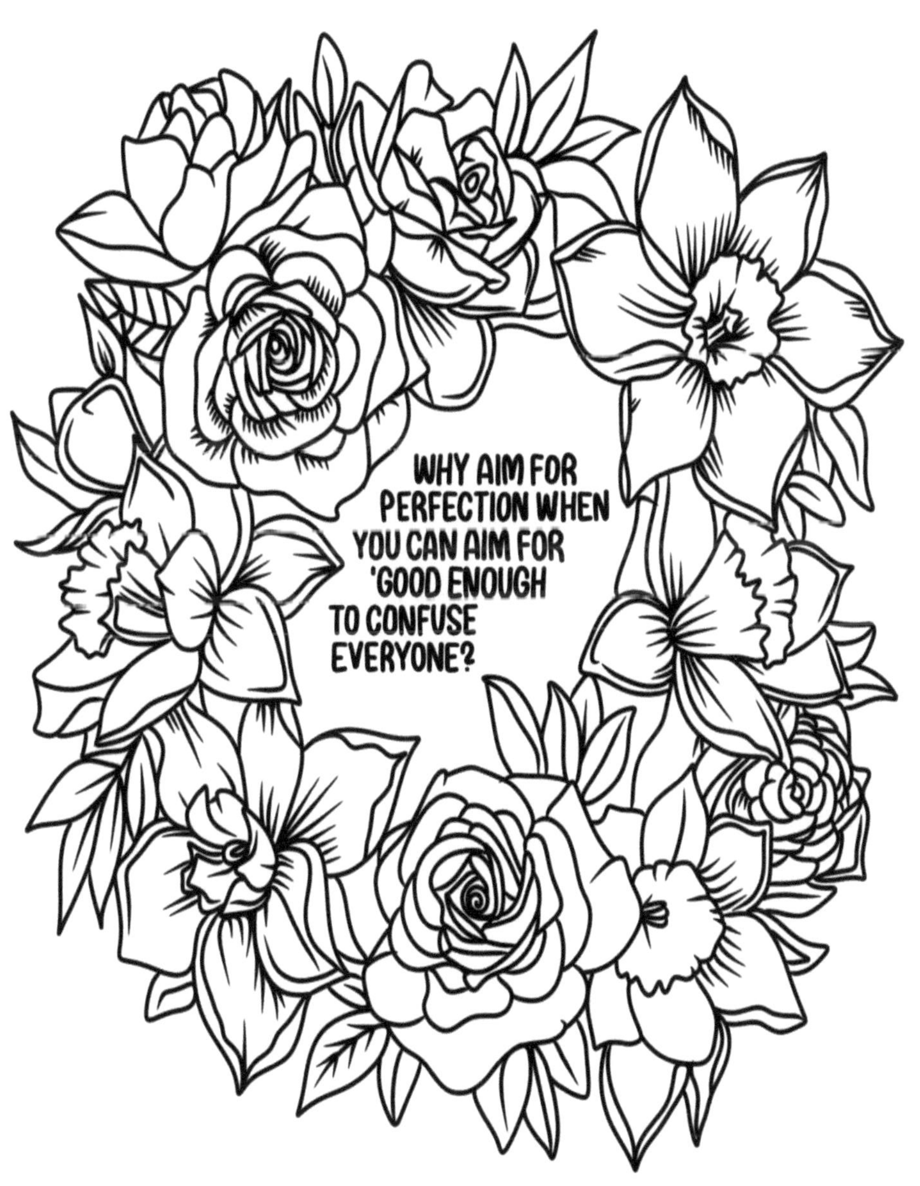

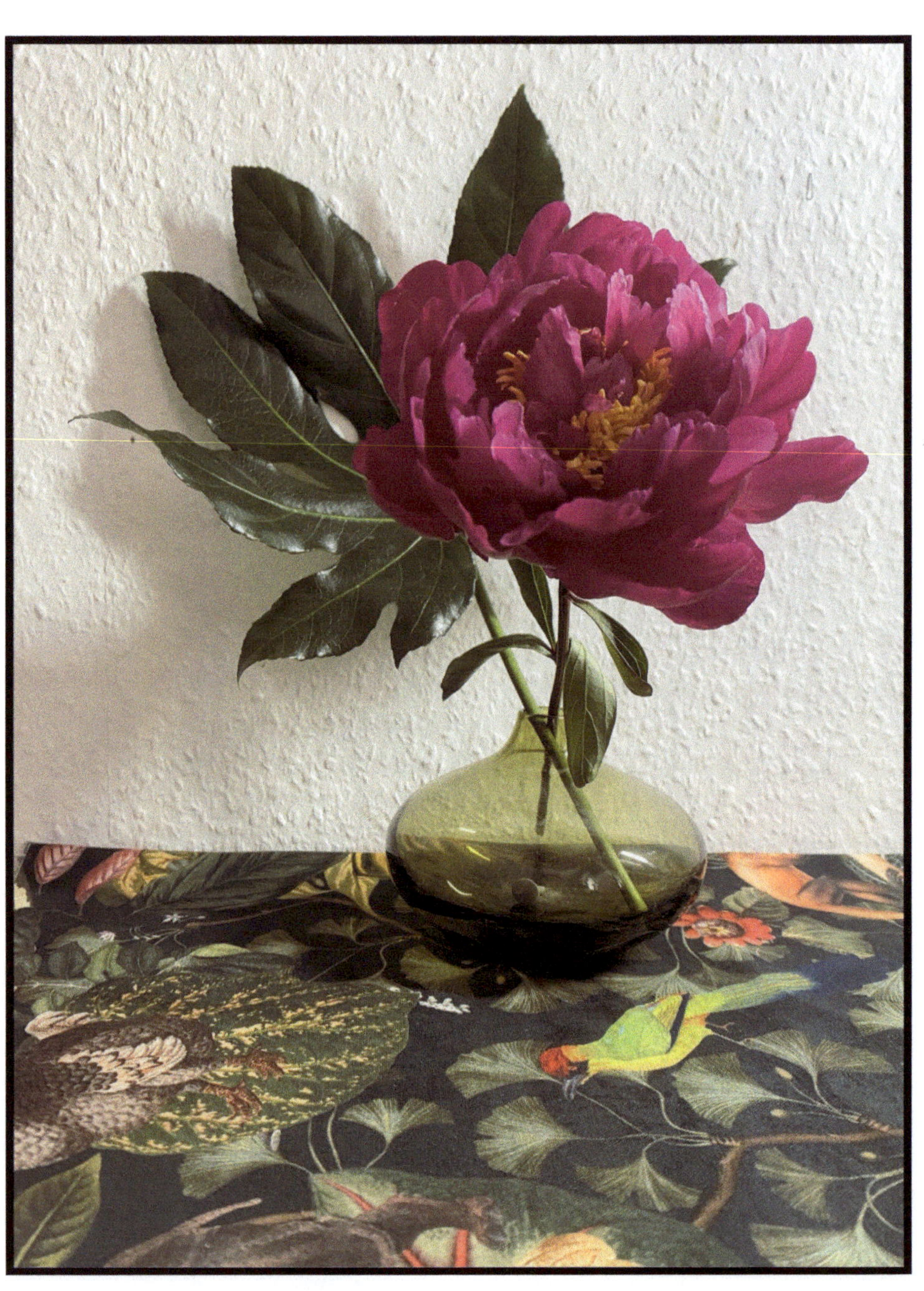

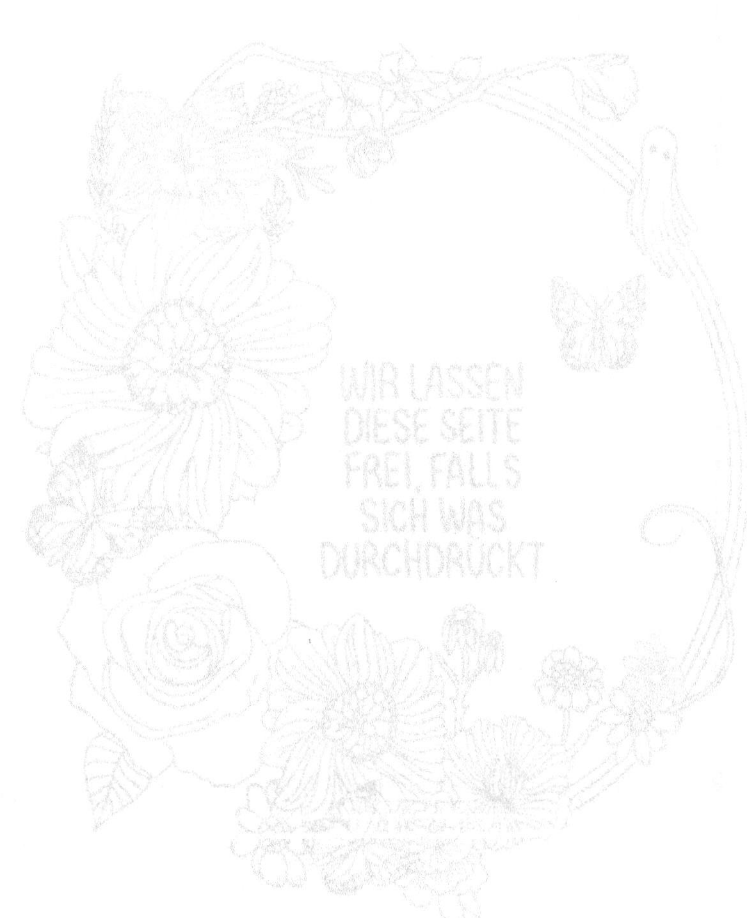
WIR LASSEN
DIESE SEITE
FREI, FALLS
SICH WAS
DURCHDRÜCKT

Tag 22:

Male das Stillleben, indem du ausschließlich mit Punkten, bzw. Farbflecken arbeitest.

Teste hier:

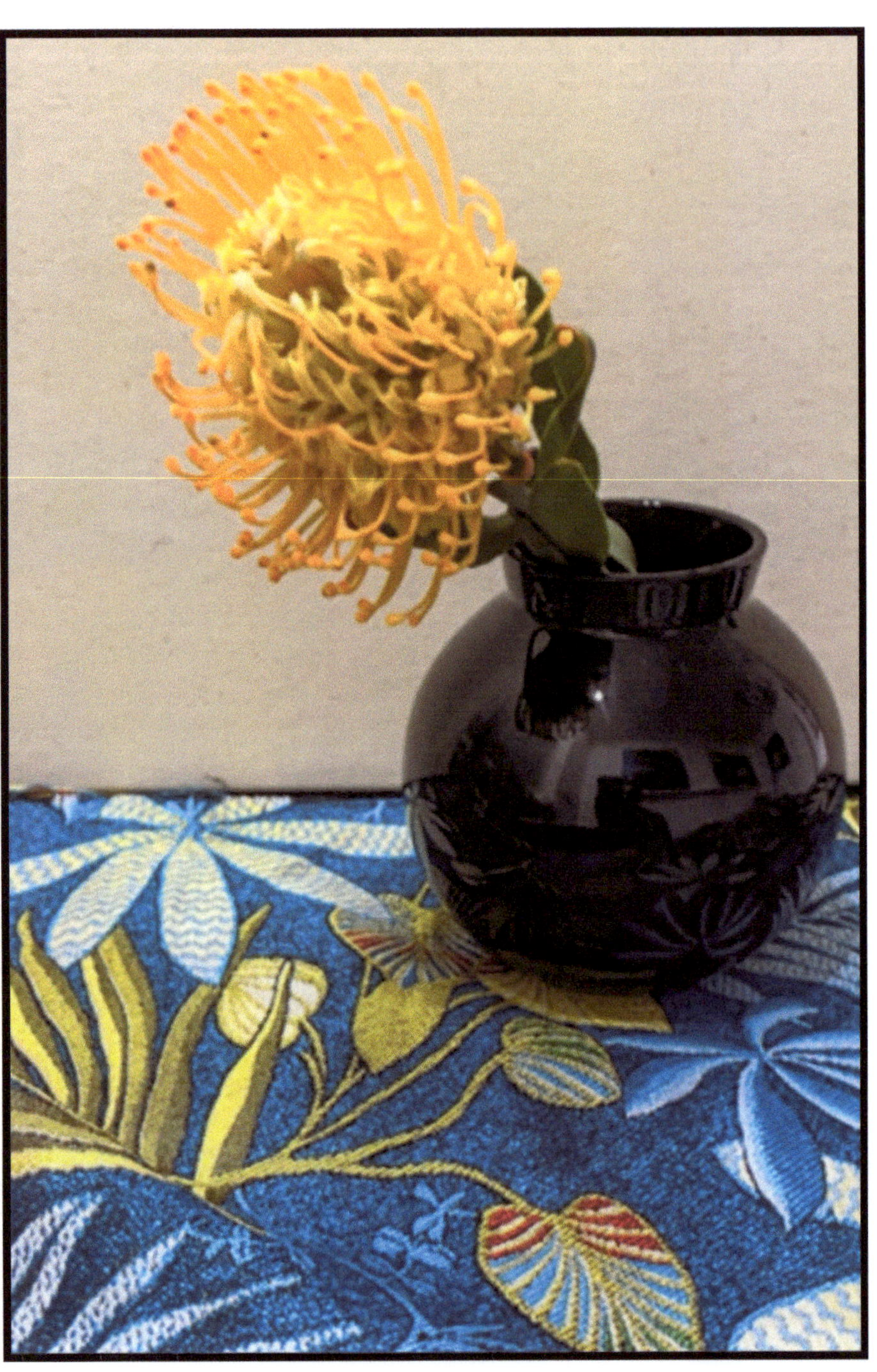

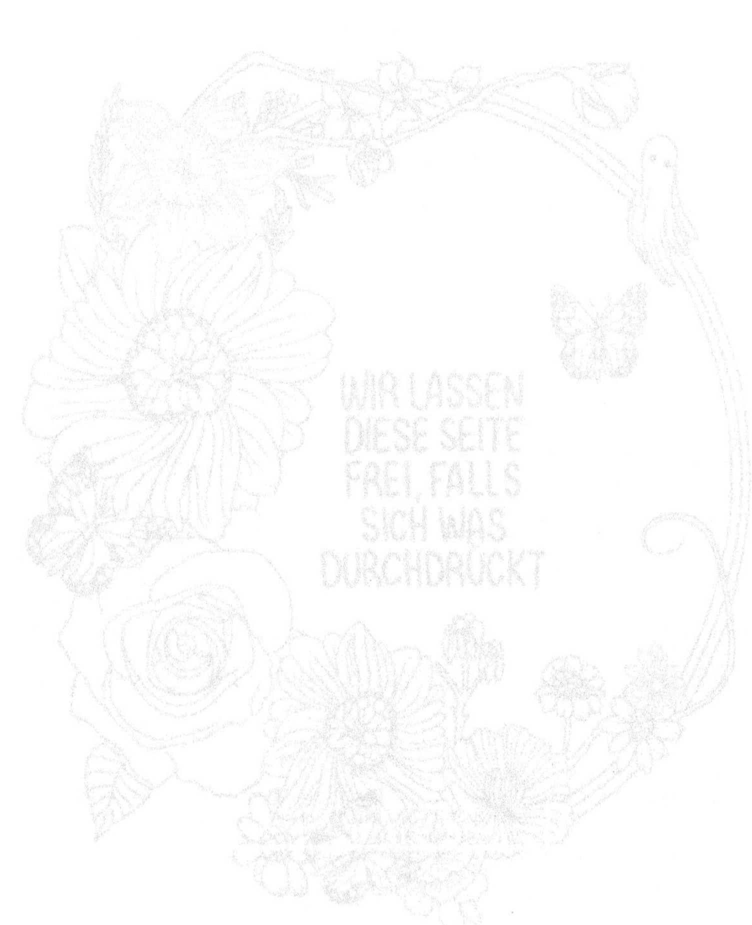

WIR LASSEN
DIESE SEITE
FREI, FALLS
SICH WAS
DURCHDRUCKT

Tag 23:

Koloriere das Stillleben, während du klassische Musik hörst, auch wenn das sonst überhaupt nicht deine Musikrichtung ist. Probiere es aus und beobachte welche Wirkung die Musik auf dich und deine Farbwahl hat.

Hier kannst du Farben testen:

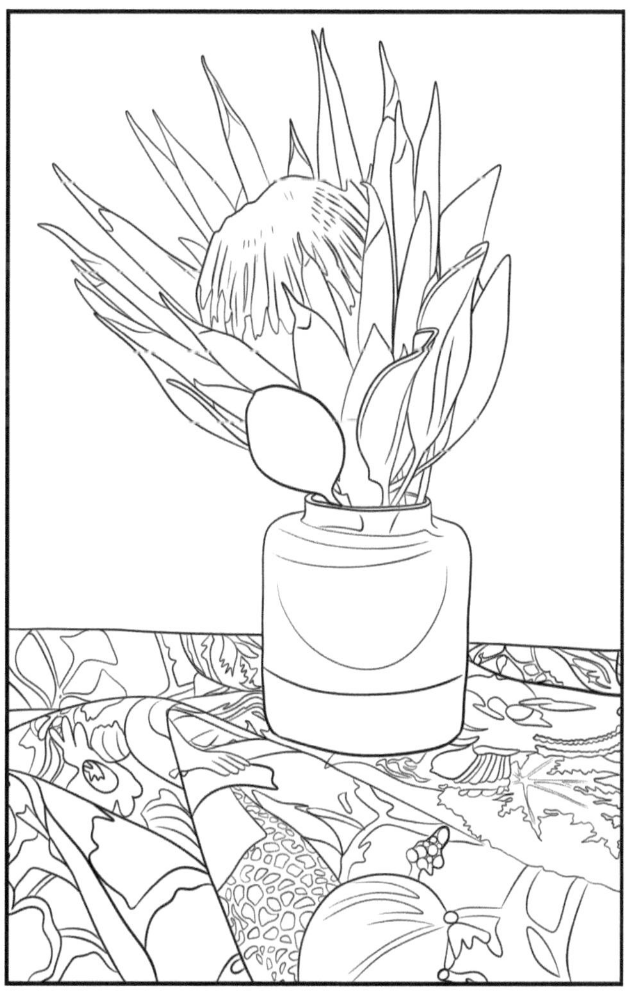

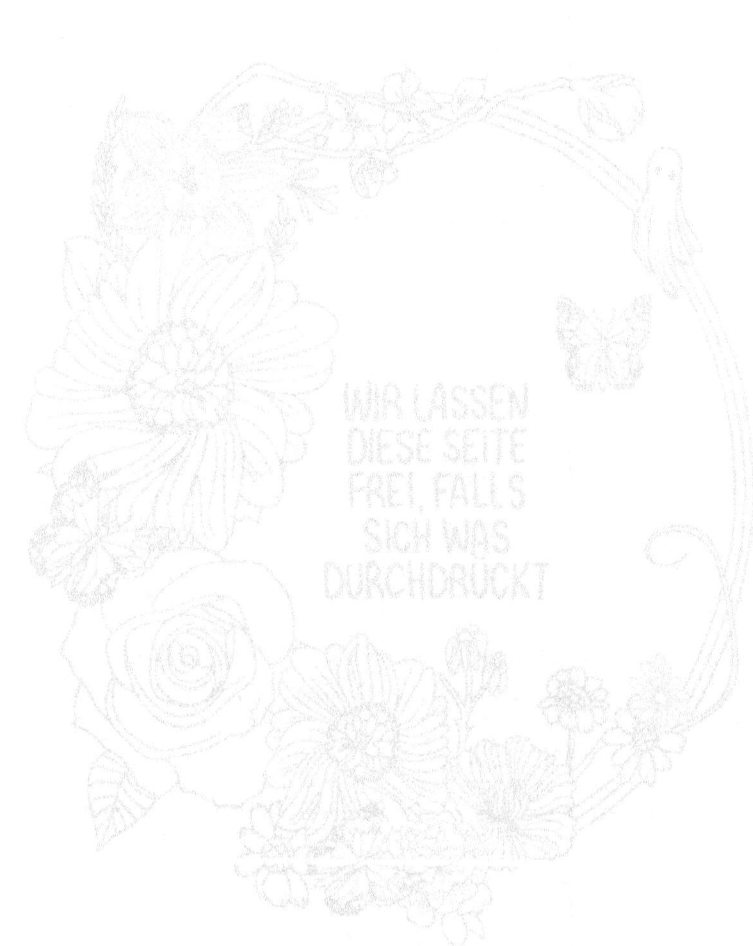
WIR LASSEN
DIESE SEITE
FREI, FALLS
SICH WAS
DURCHDRUCKT

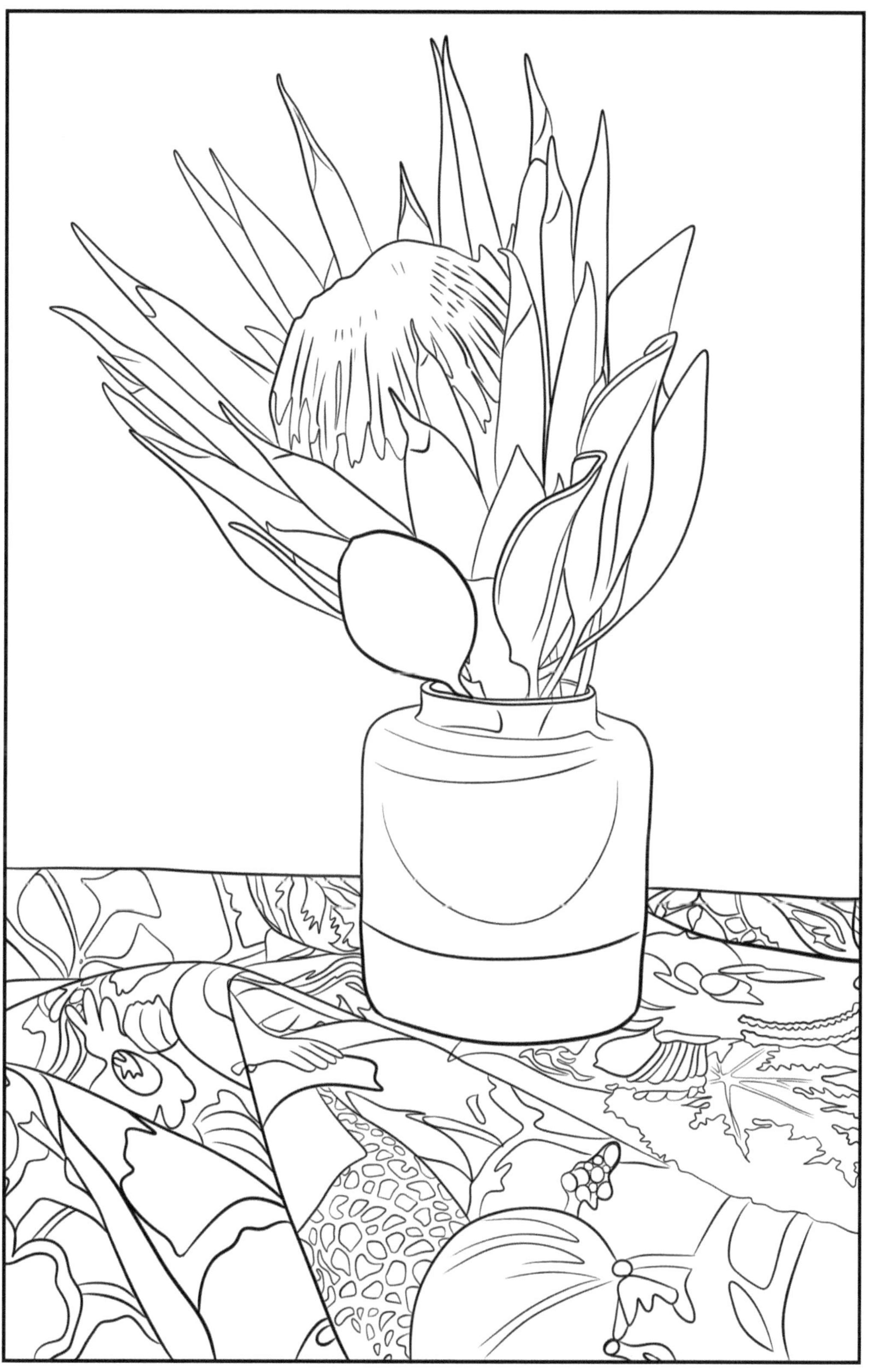

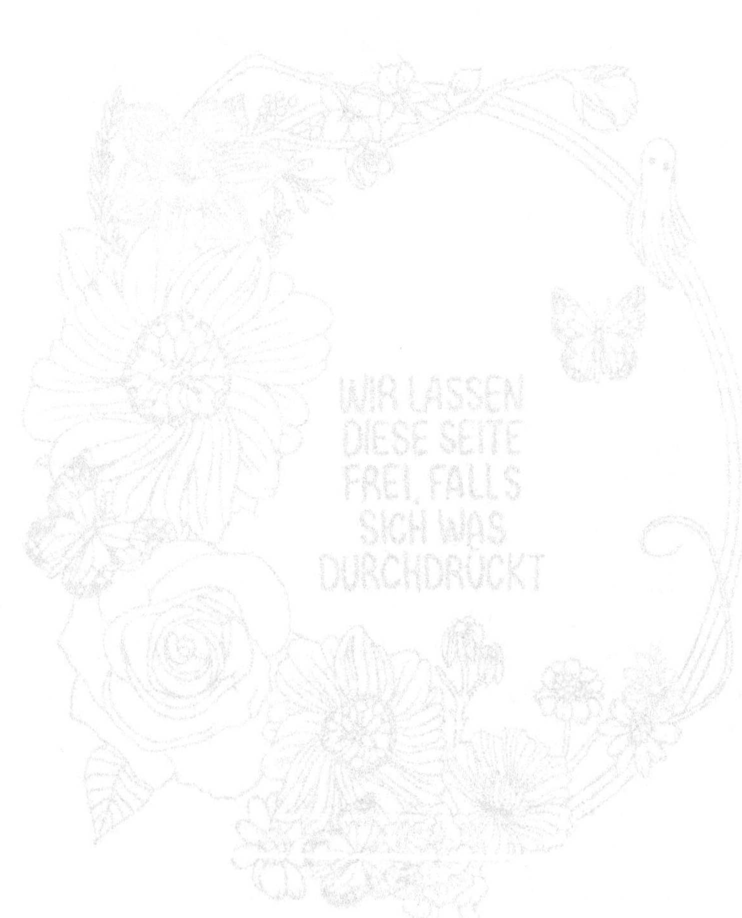
WIR LASSEN
DIESE SEITE
FREI, FALLS
SICH WAS
DURCHDRÜCKT

Tag 24:

Koloriere das Stillleben, während du Musik von Eminem hörst, auch wenn das sonst überhaupt nicht deine Musikrichtung ist. Probiere es aus und beobachte welche Wirkung die Musik auf dich und deine Farbwahl hat. Vergleiche anschließend deinen Prozess mit dem von Tag 23. Was war besser?

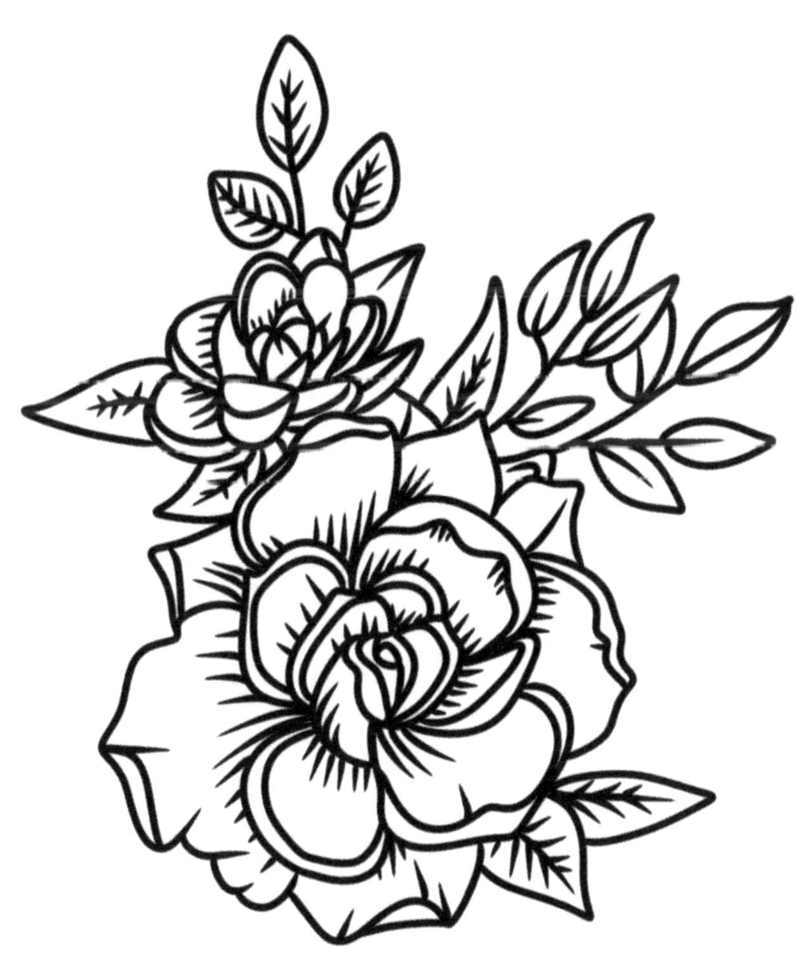

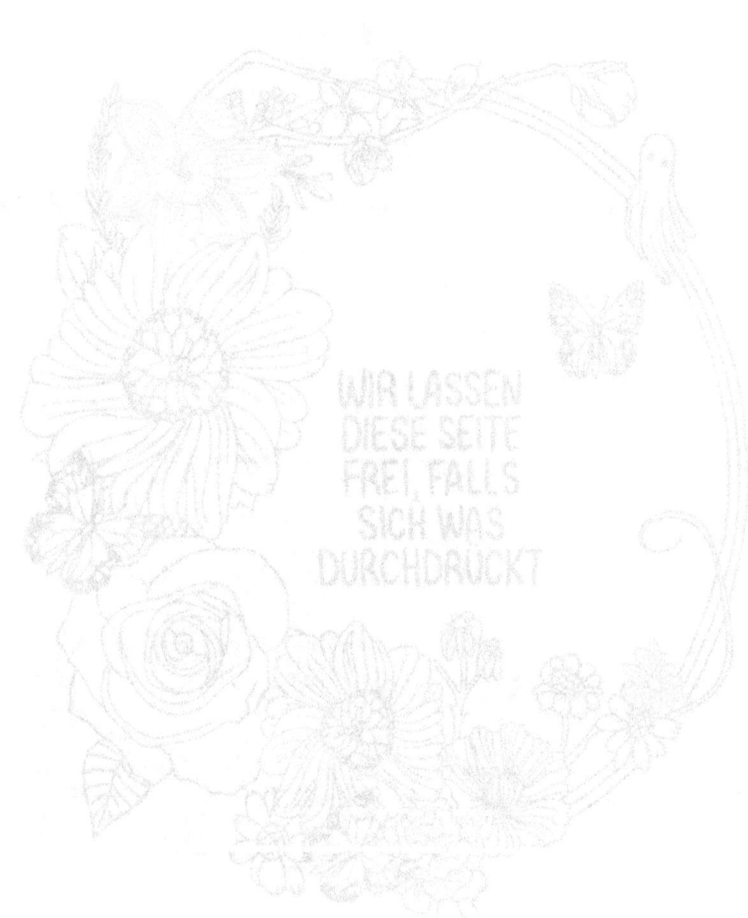

WIR LASSEN
DIESE SEITE
FREI, FALLS
SICH WAS
DURCHDRÜCKT

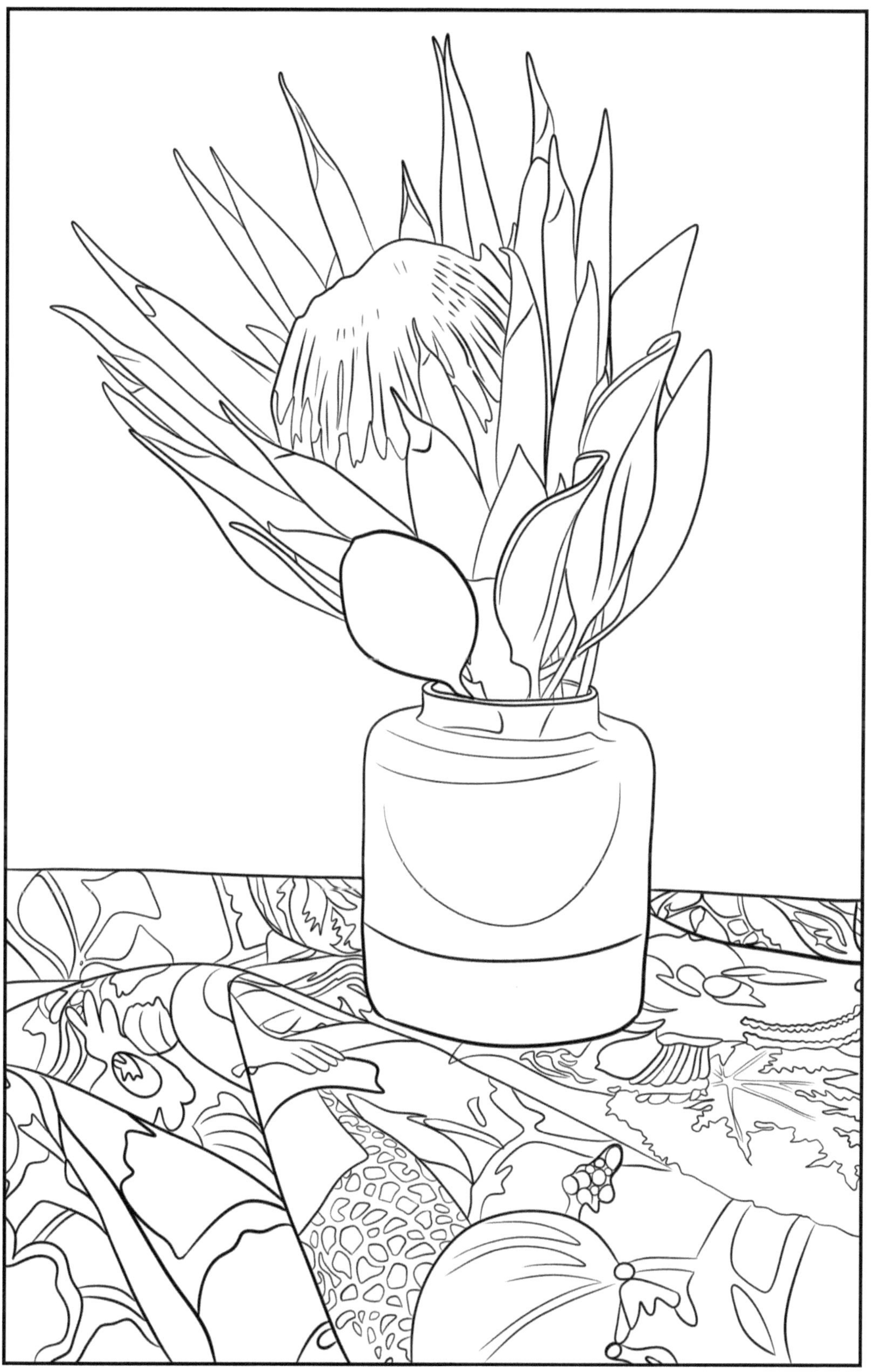

WIR LASSEN
DIESE SEITE
FREI, FALLS
SICH WAS
DURCHDRÜCKT

Tag 25:

Sieh Dir die Werkreihe "My Window" von David Hockney an und lasse dich von ihr inspirieren. Male den Blick aus deinem Fenster und integriere ein Blumenstillleben, oder ein Bild von einem Blumenstillleben.
Wenn dich David Hockneys Herangehensweise inspiriert und du ein IPad mit Zeichenapp hast, probiere es doch auch mal aus: Fertige eine digitale Skizze an.

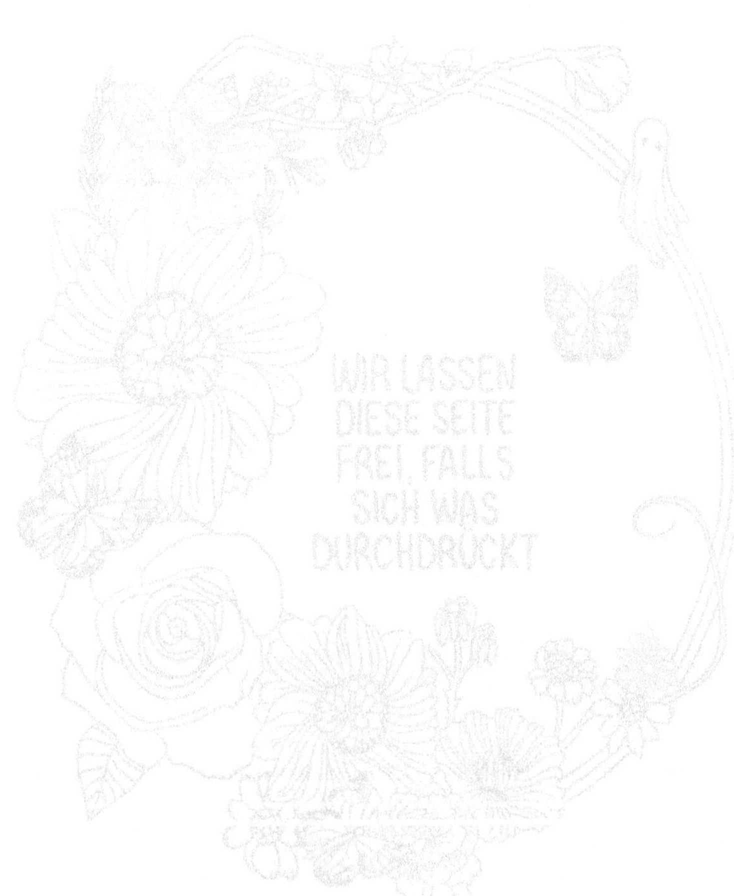
WIR LASSEN
DIESE SEITE
FREI, FALLS
SICH WAS
DURCHDRÜCKT

Tag 26:

Konzipiere ein "Müll-Stillleben", indem dennoch eine Art Blumenstillleben im Vordergrund steht.

Zeige abgeknickte Stiele, abgefallene Blütenblätter, vertrocknete Blätter – all das, was vom Strauß übrig bleibt, oder eine Skizze im Müll (sei kreativ). Der „Abfall" kann dabei als besonders starkes Symbol für den Zyklus von Leben und Tod gesehen werden, der sich im Werk widerspiegelt.

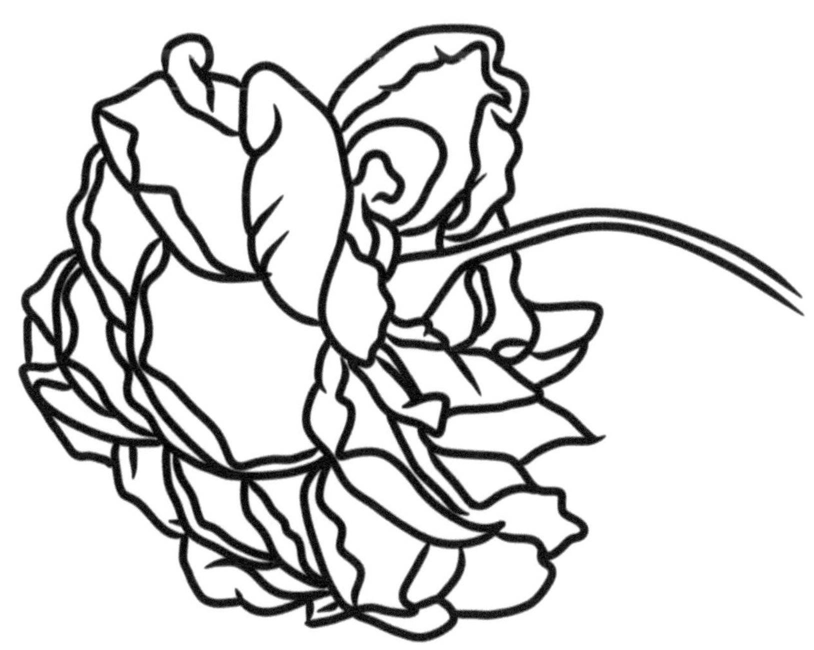

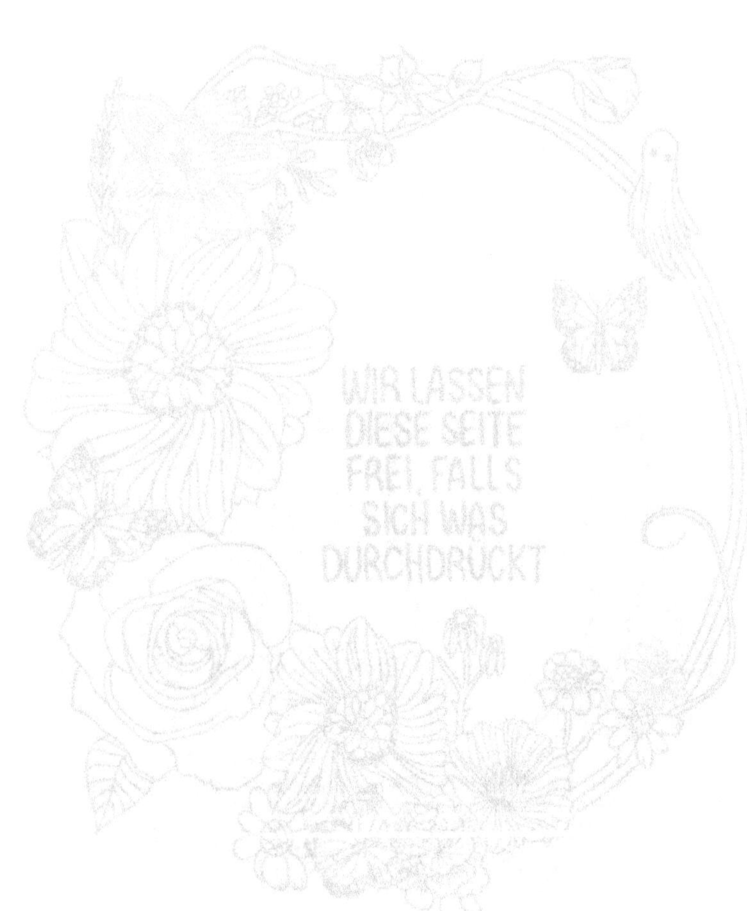
WIR LASSEN
DIESE SEITE
FREI, FALLS
SICH WAS
DURCHDRUCKT

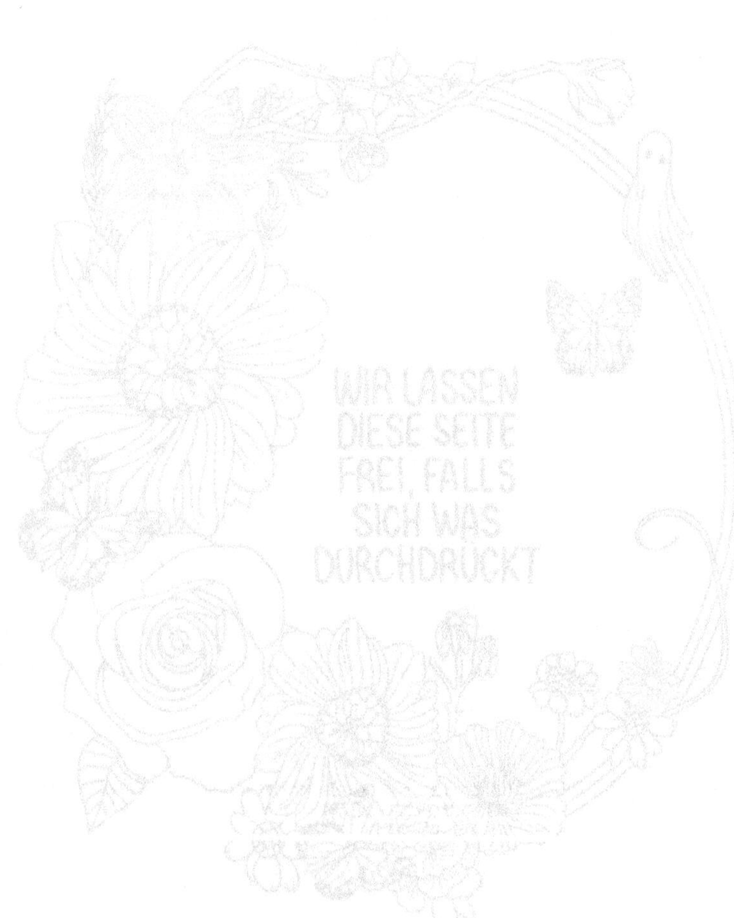

WIR LASSEN
DIESE SEITE
FREI, FALLS
SICH WAS
DURCHDRUCKT

Tag 27:

Wir nähern uns langsam dem Ende der Challenge und das katapultiert uns zurück an den Anfang. Zeichne erneut mit der "schwachen" Hand, dieses Mal jedoch ohne Hilfslinien. Du schaffst das!

Nutze jetzt aber auch Farbe!

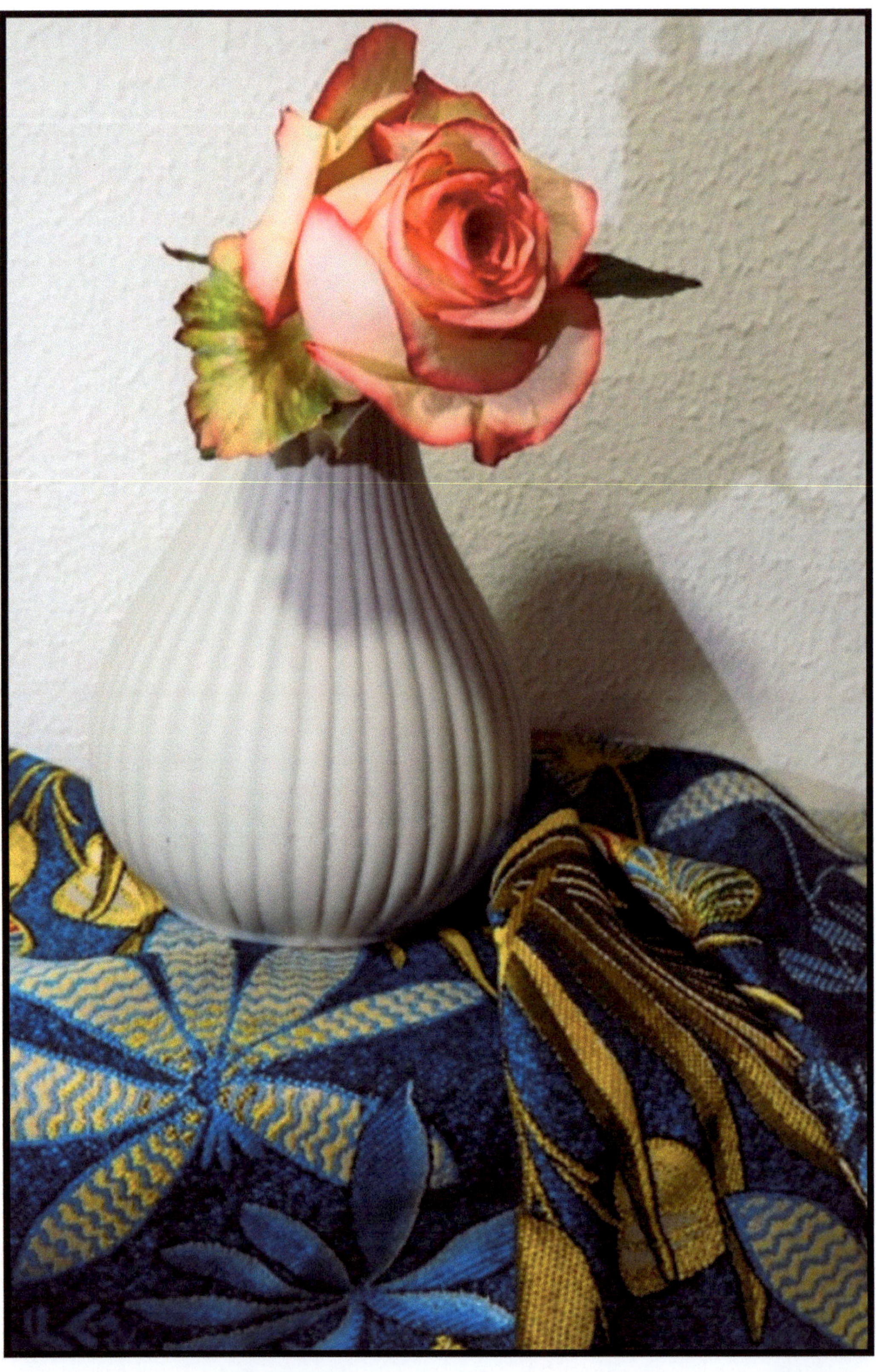

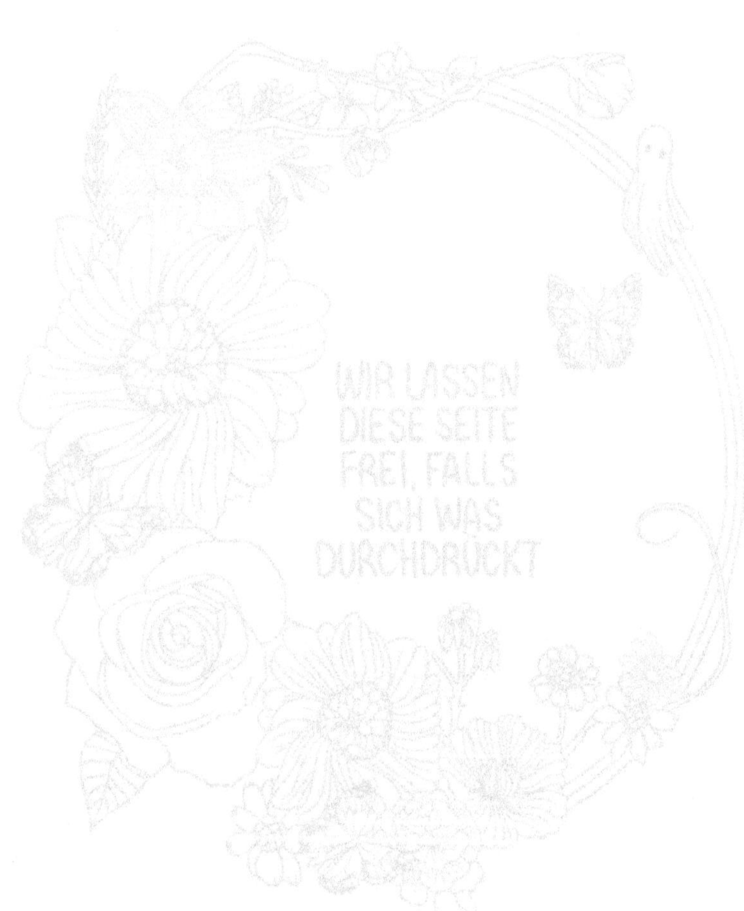

WIR LASSEN
DIESE SEITE
FREI, FALLS
SICH WAS
DURCHDRÜCKT

Tag 28:

Es wird goldig. Schnapp dir Gold. Ein goldener Marker, Schlagmetall, goldene Farbe und bring so viel GOLD wie möglich in deine Interpretation des Stilllebens.

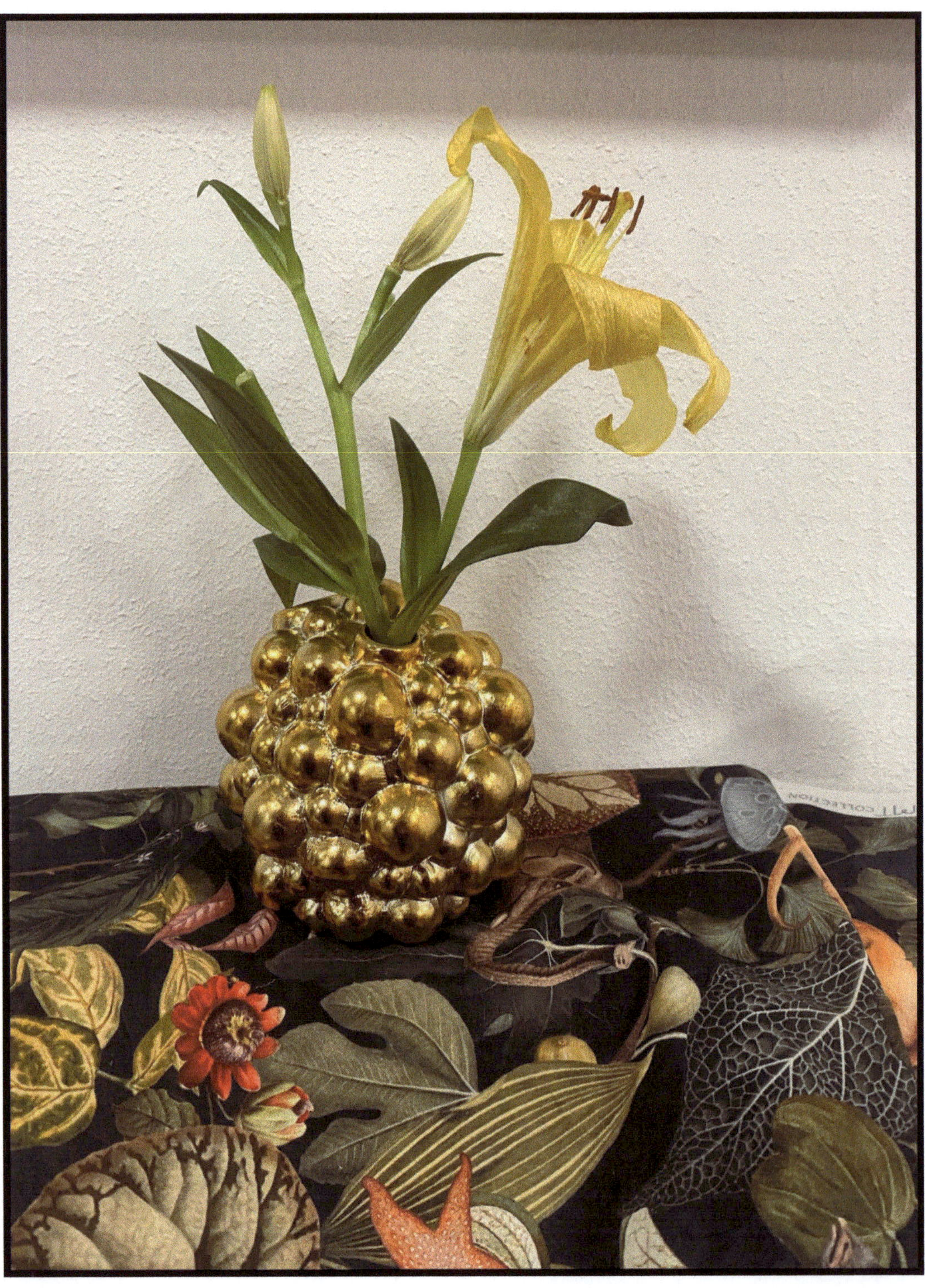

WIR LASSEN
DIESE SEITE
FREI, FALLS
SICH WAS
DURCHDRUCKT

Tag 29:

Lasse dich von der Fotovorlage inspirieren und übertrage die Vorlage in dein Format. Ergänze anschließend verschiedene Blüten und deren Spiegelung und fülle so den Hintergrund.

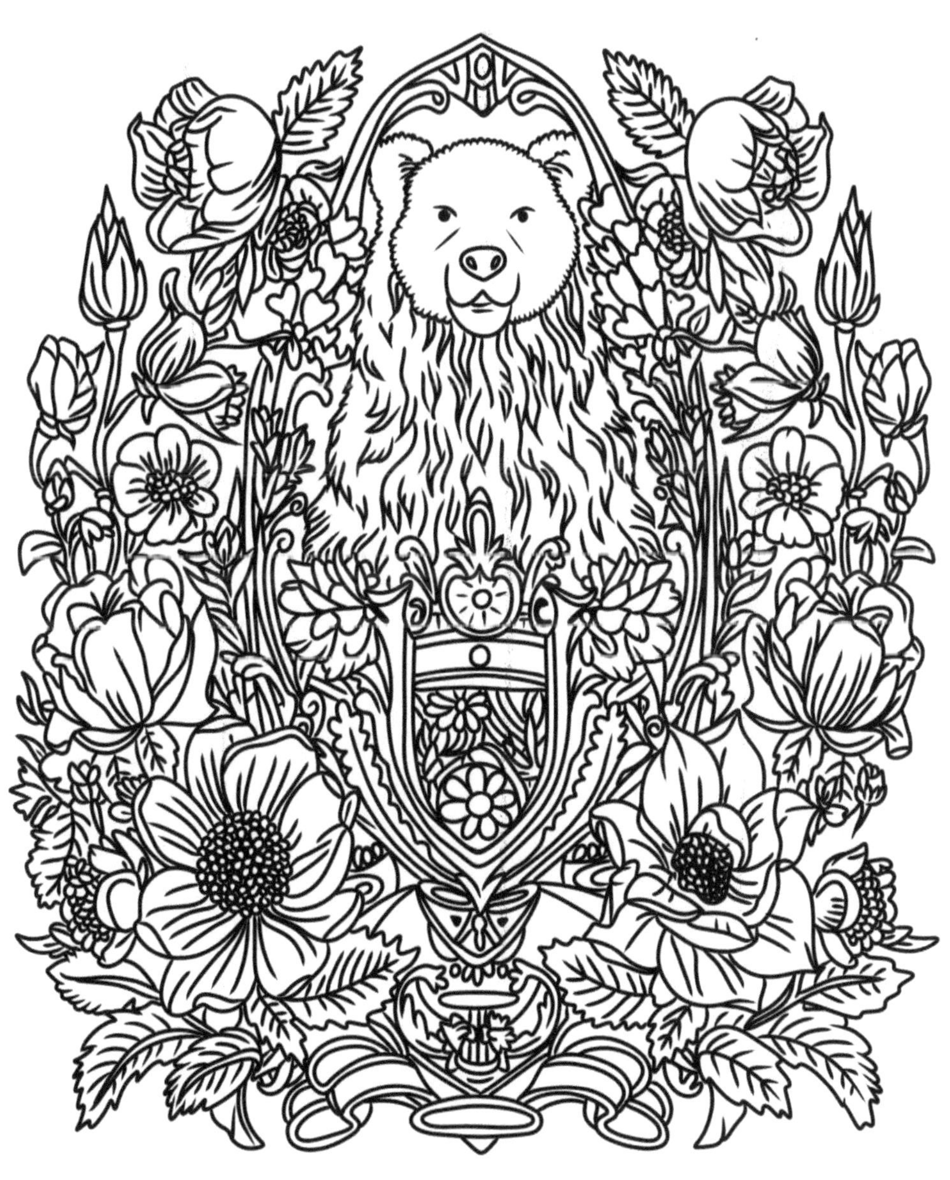

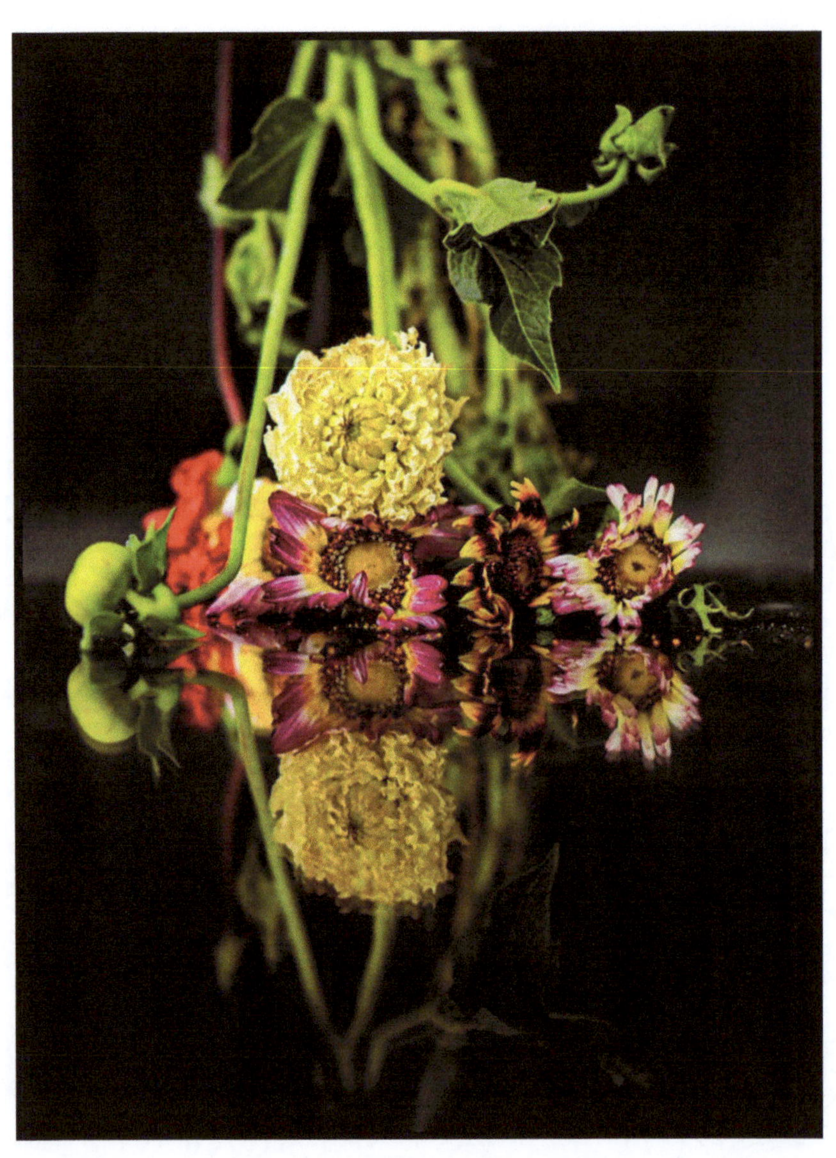

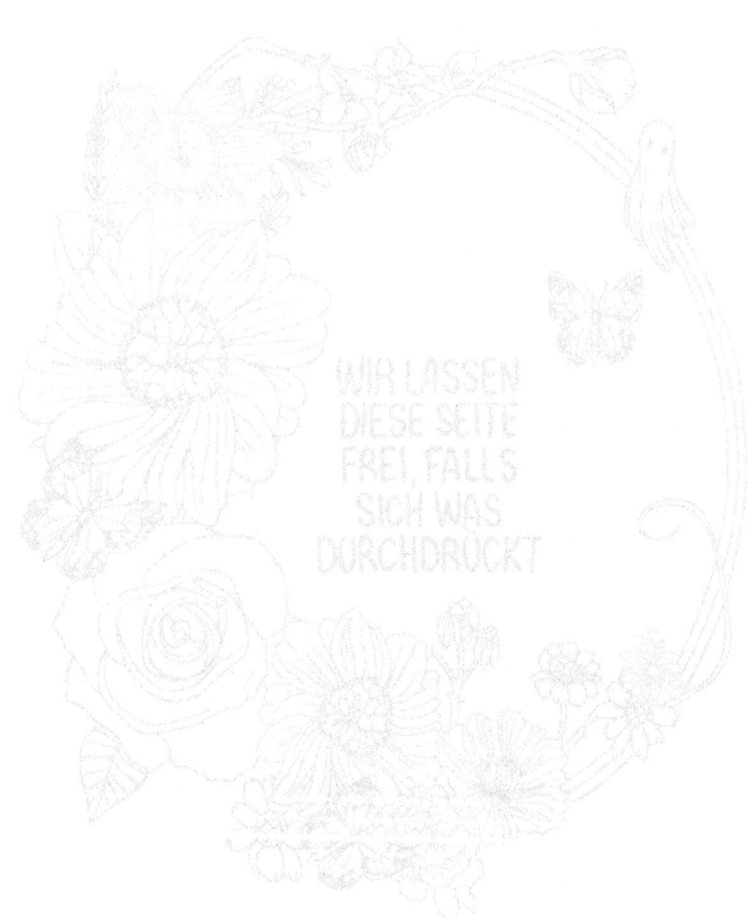

WIR LASSEN
DIESE SEITE
FREI, FALLS
SICH WAS
DURCHDRUCKT

Tag 30:

Erweitere bzw. vervollständige das Werk:

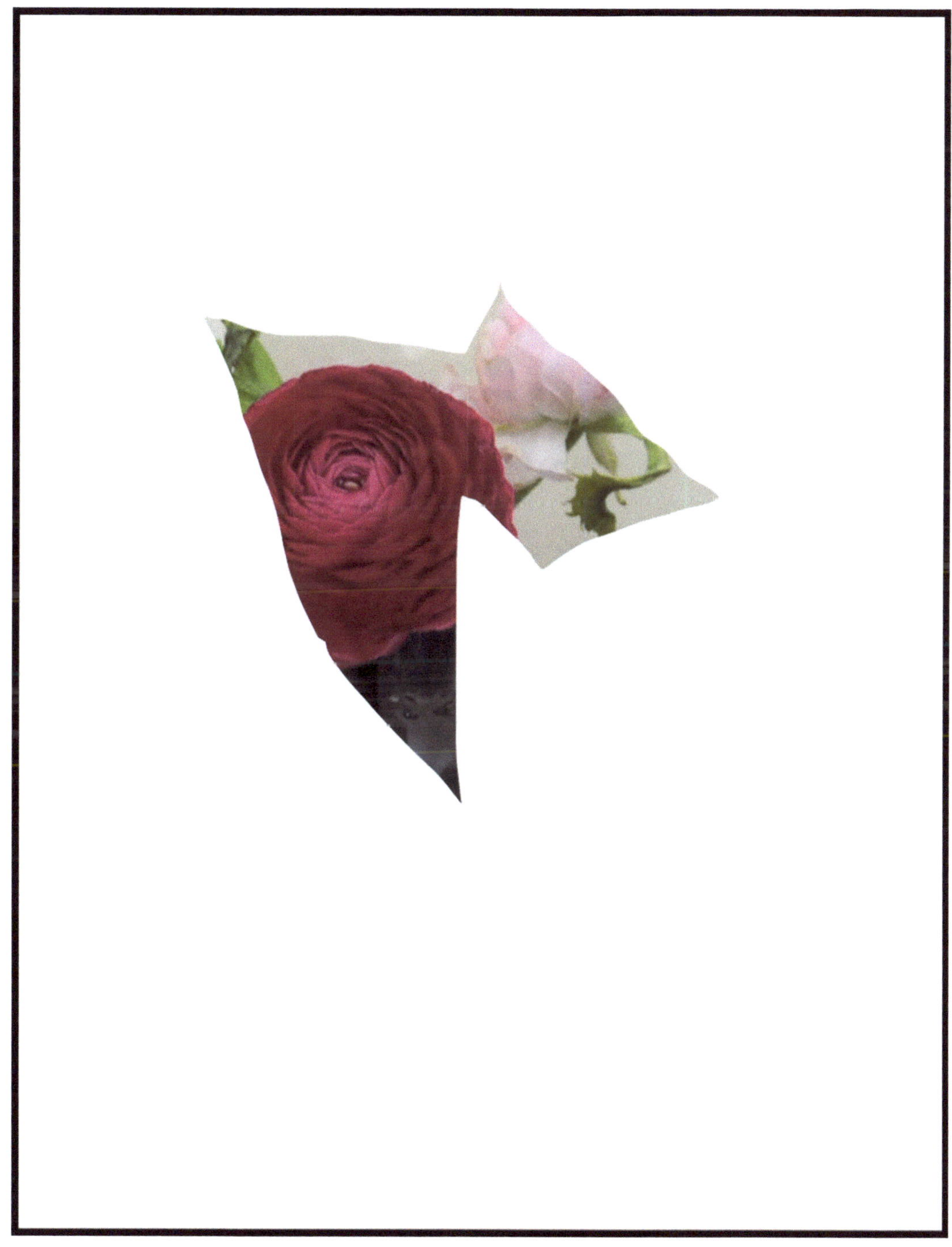

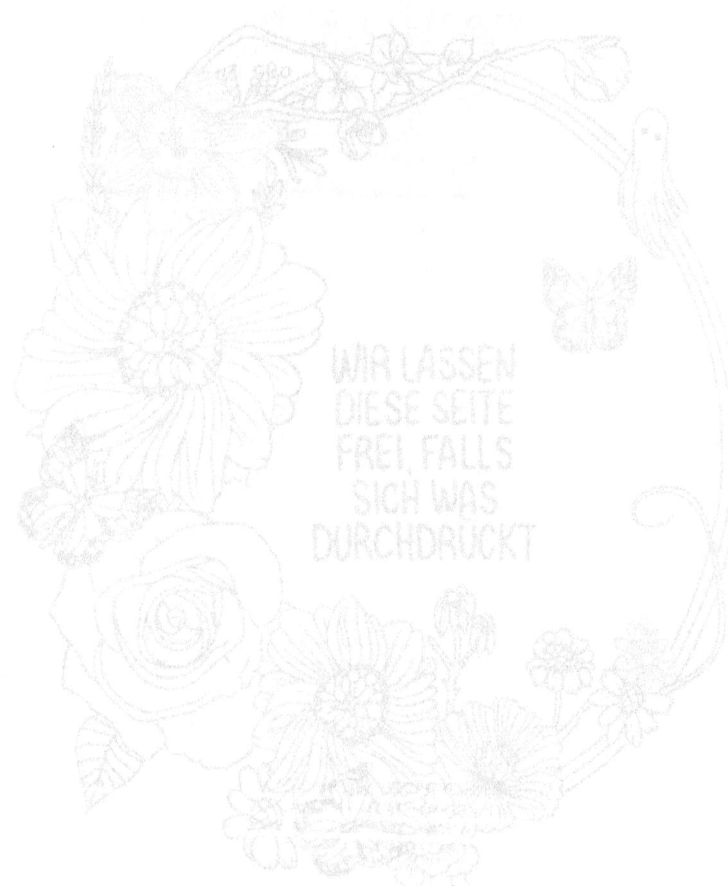
WIR LASSEN
DIESE SEITE
FREI, FALLS
SICH WAS
DURCHDRUCKT

Tag 31:

Erweitere bzw. vervollständige das Werk, indem du mindestens
eine Blumenvase hinzufügst.

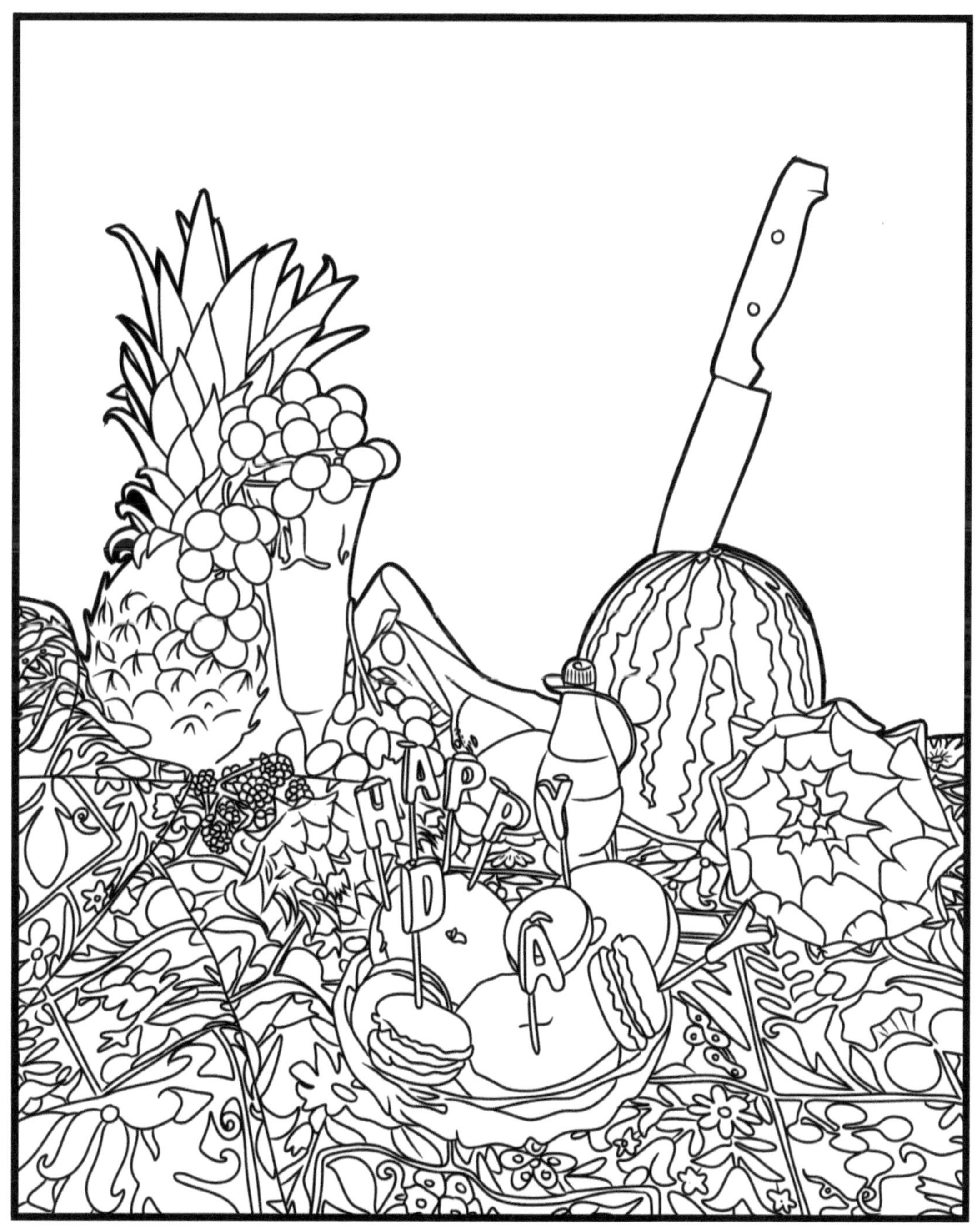

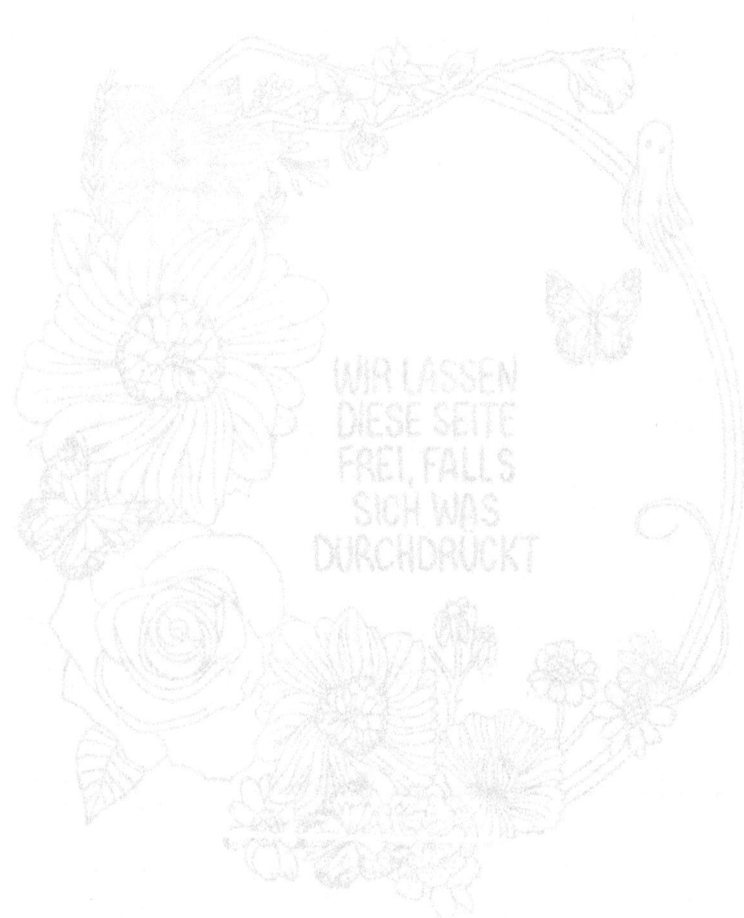
WIR LASSEN
DIESE SEITE
FREI, FALLS
SICH WAS
DURCHDRÜCKT

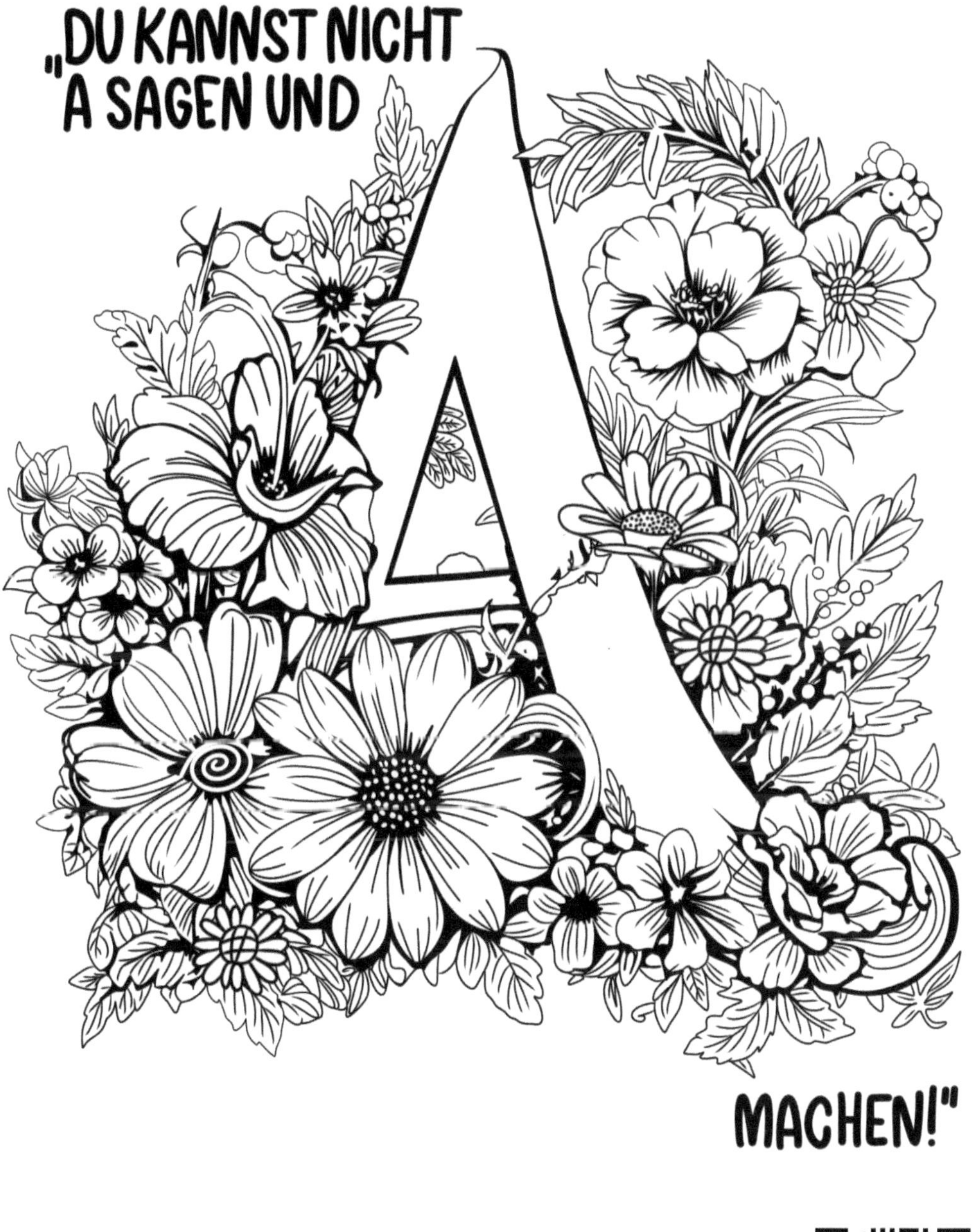

„DU KANNST NICHT
„A SAGEN UND
MACHEN!"

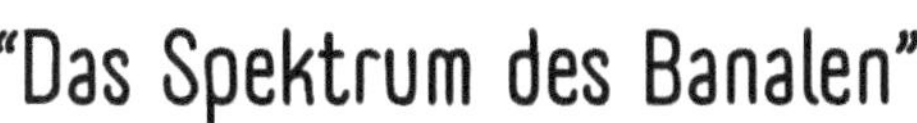

Andere Malbücher von @hannasroth:

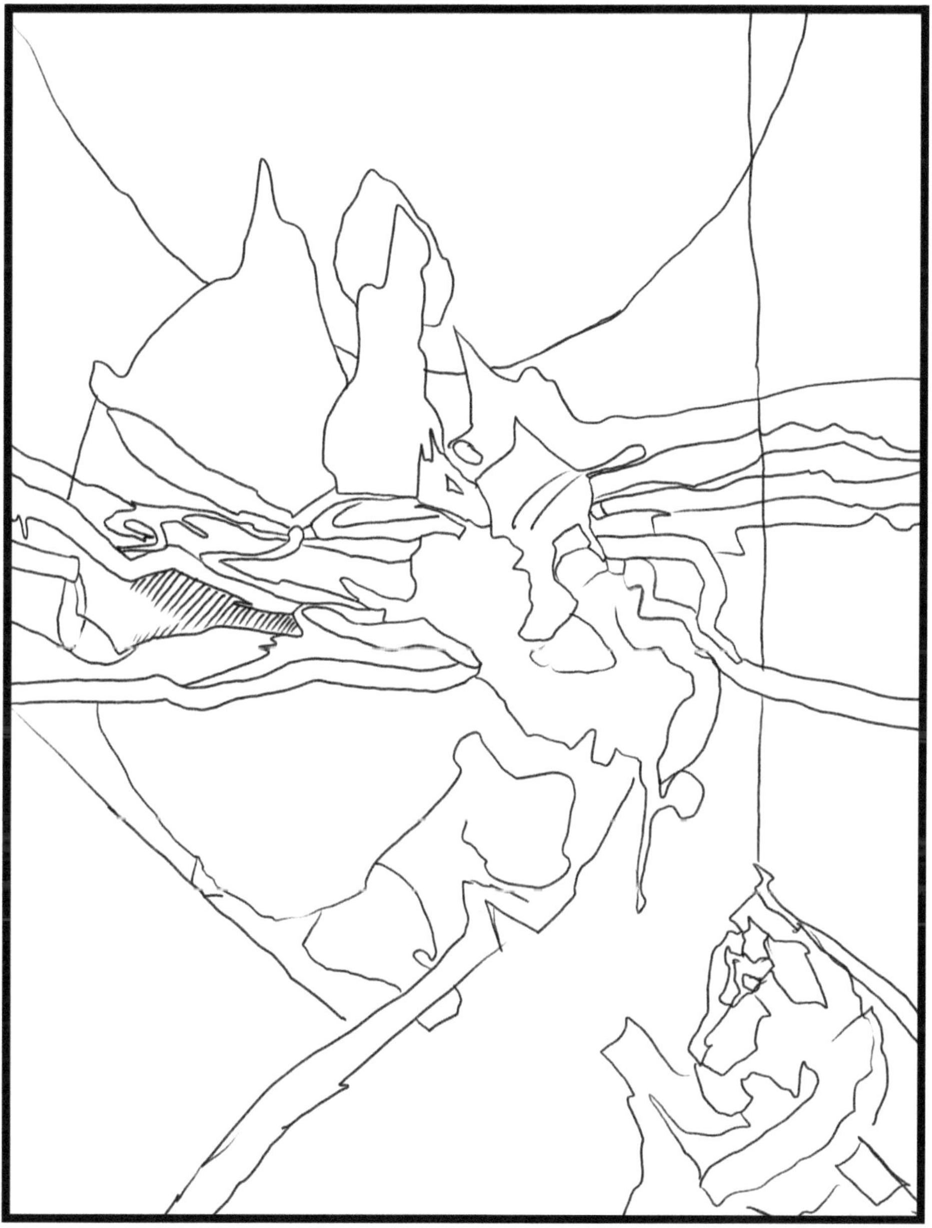

"Abstract-Coloring-Book"

AMORE?

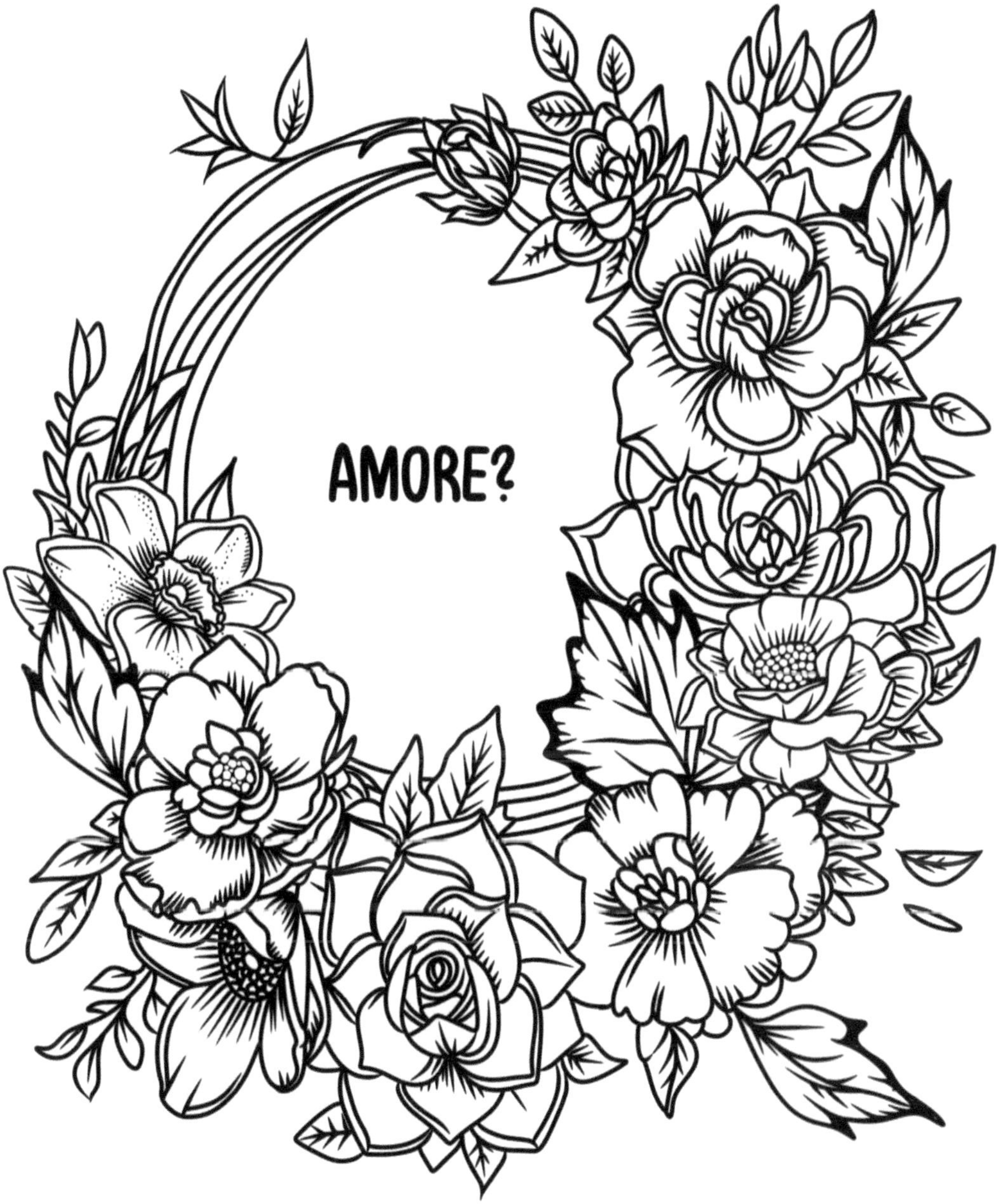

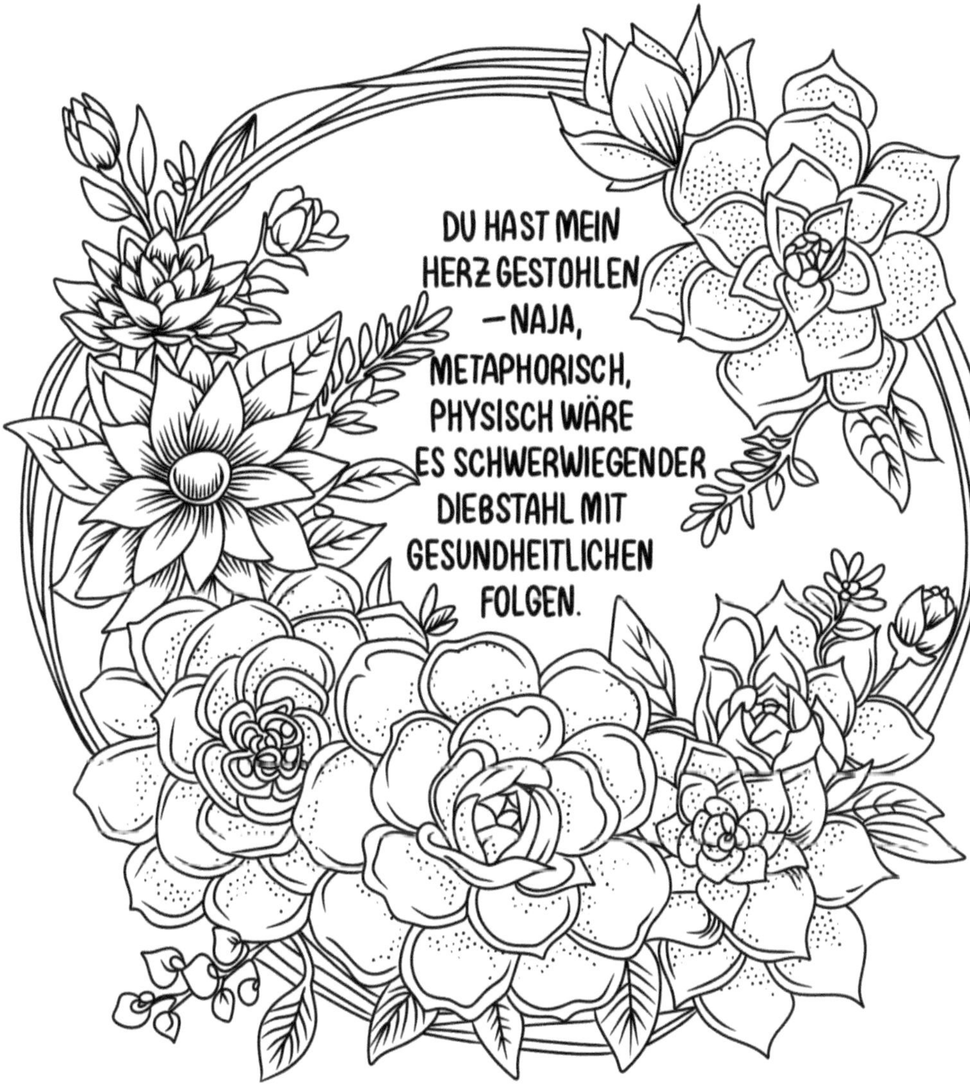

"Das Malbuch für flirtende Nerds

Affektive Algorithmen""

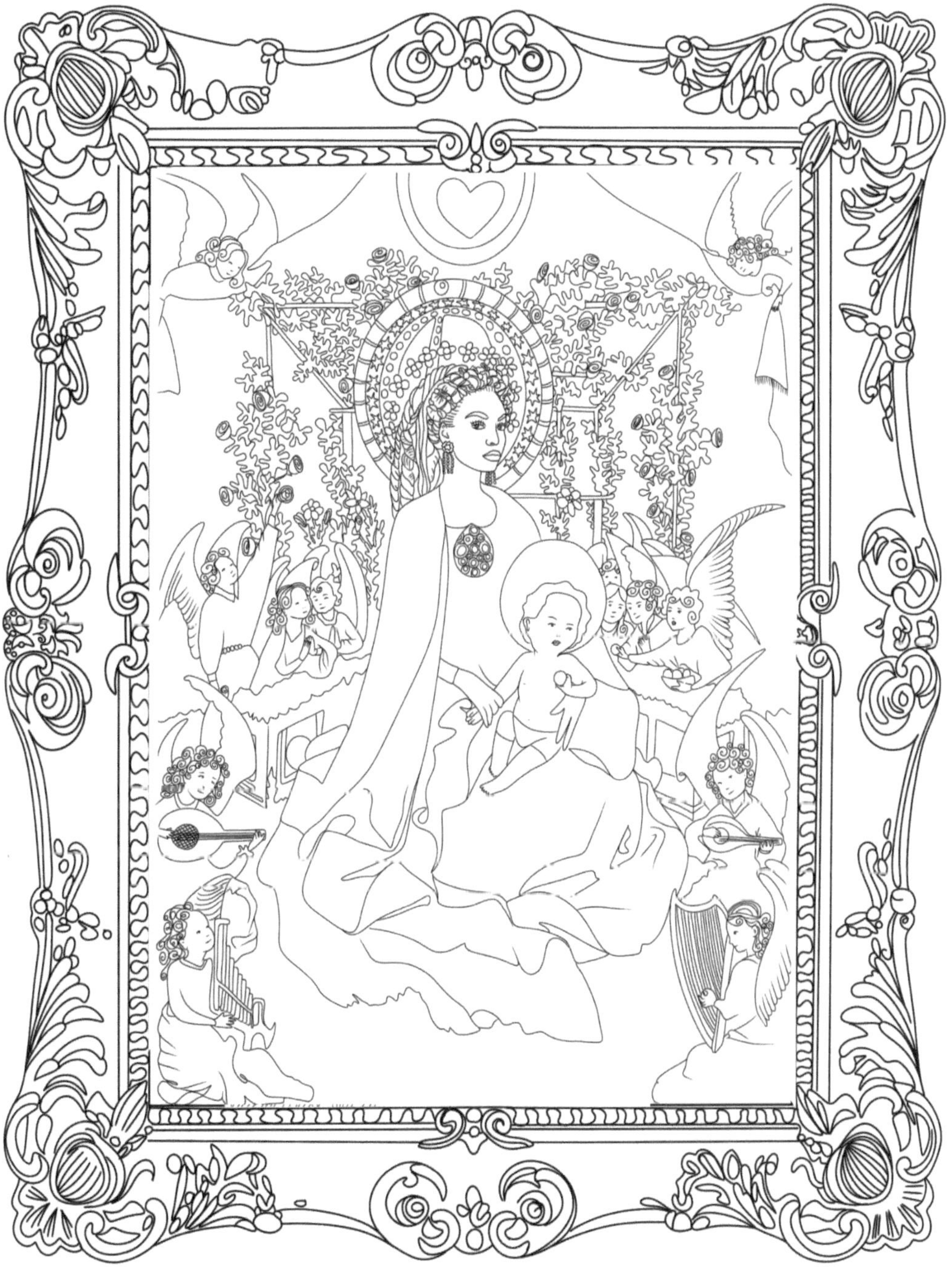

"Reimagining Art: A Coloring
Book of Timeless Treasures"

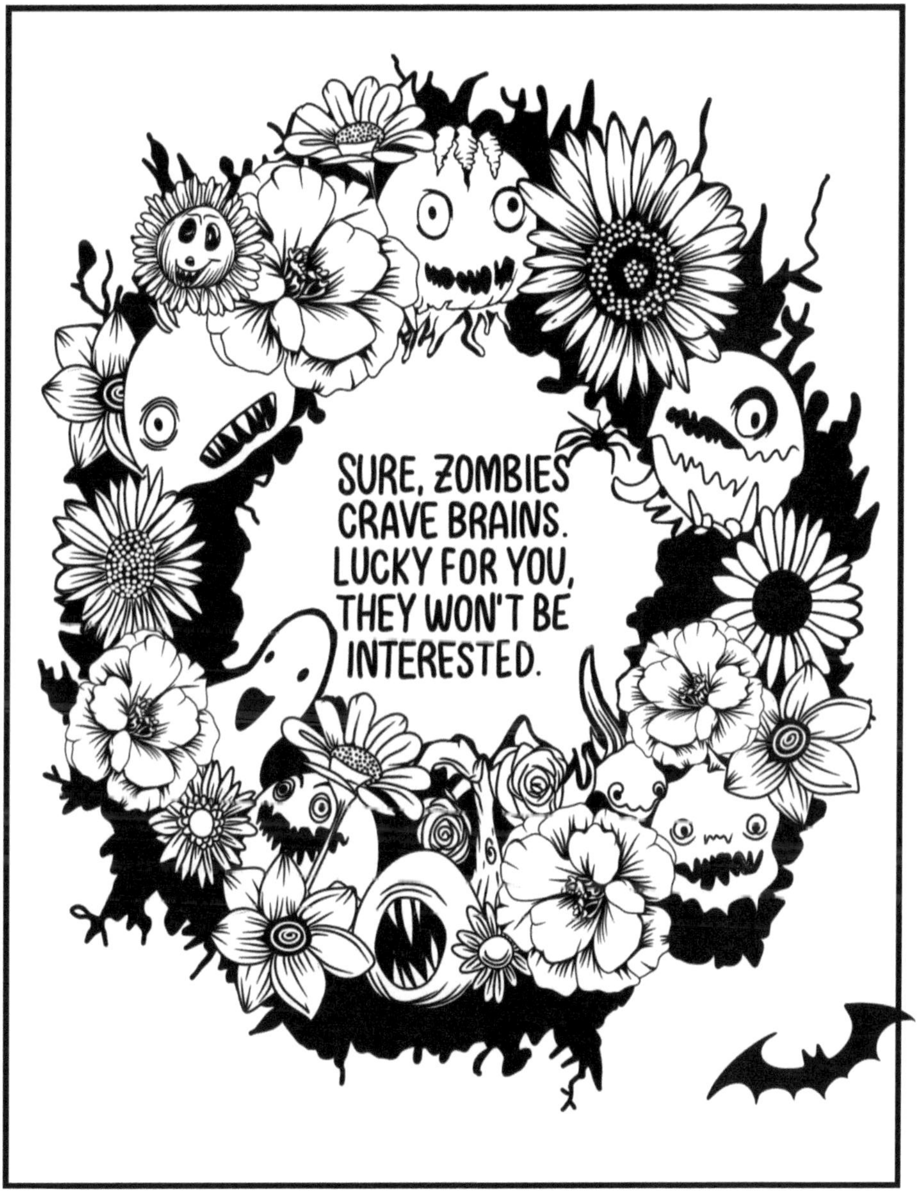

"Nerdy-Halloween-Greetings"

WIR LASSEN
DIESE SEITE
FREI, FALLS
SICH WAS
DURCHDRUCKT

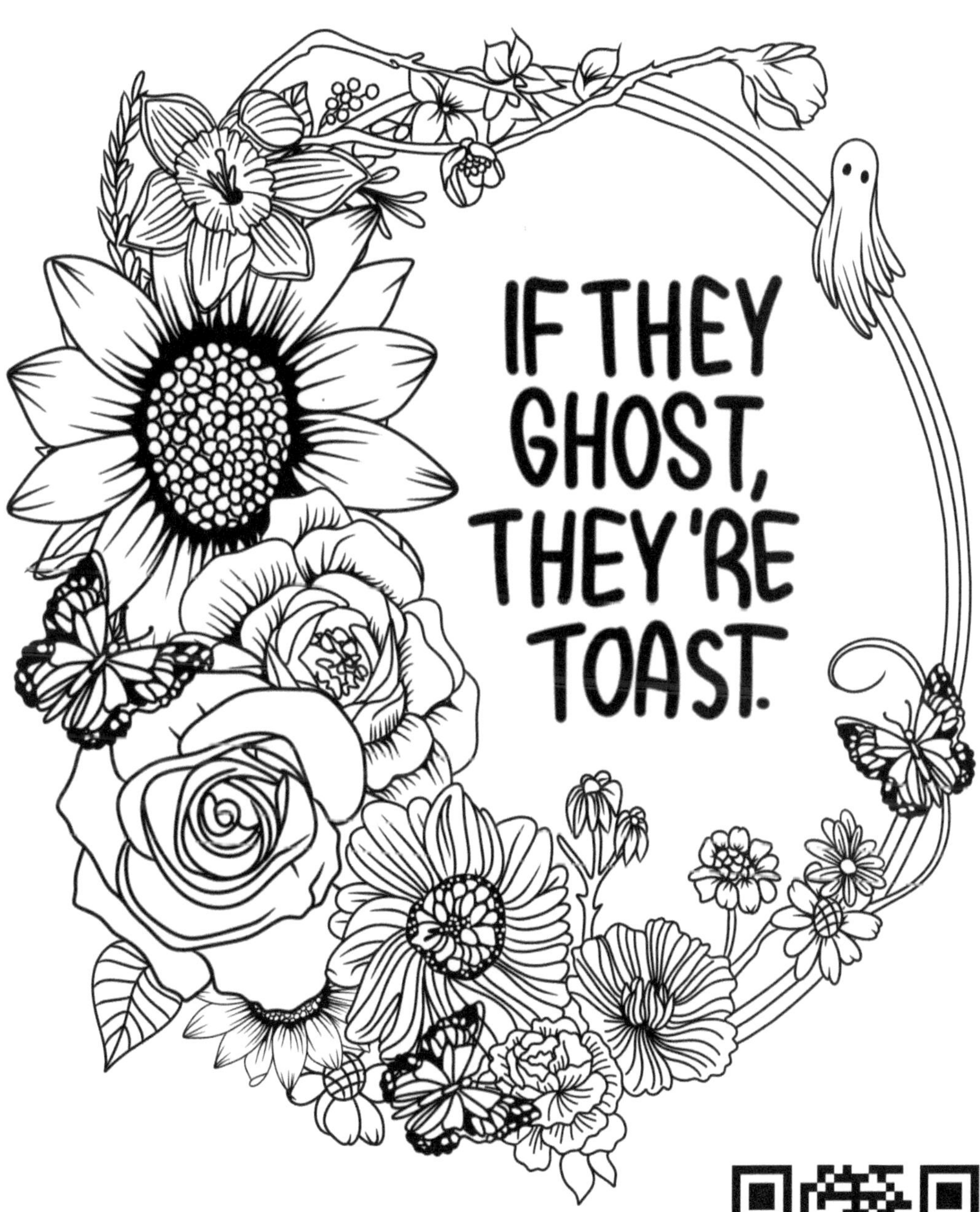

"Dating Proverbs:
Ancient Wisdom for Modern Love"

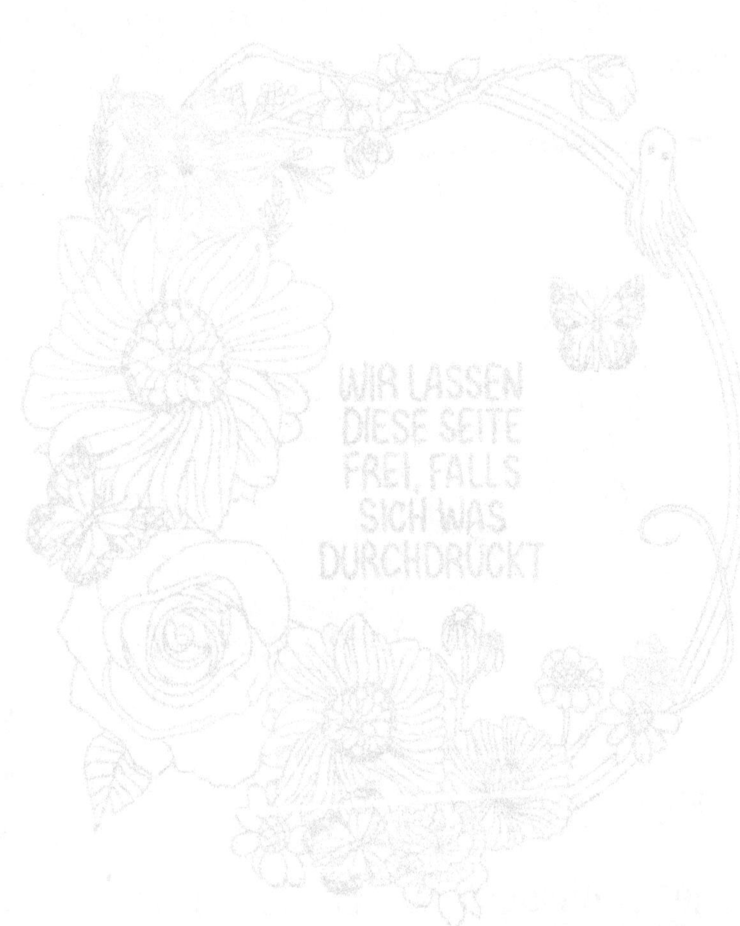
WIR LASSEN
DIESE SEITE
FREI, FALLS
SICH WAS
DURCHDRÜCKT

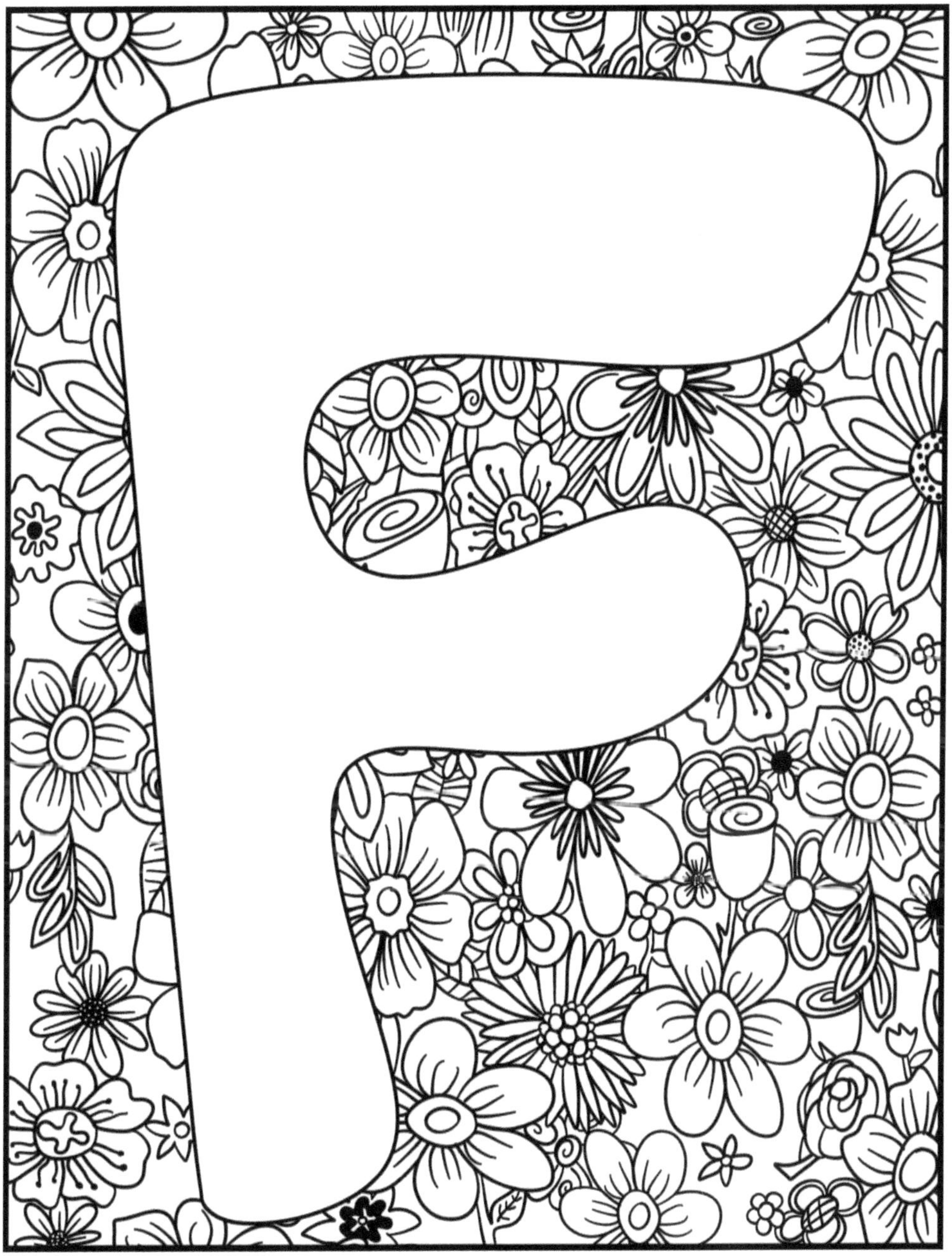

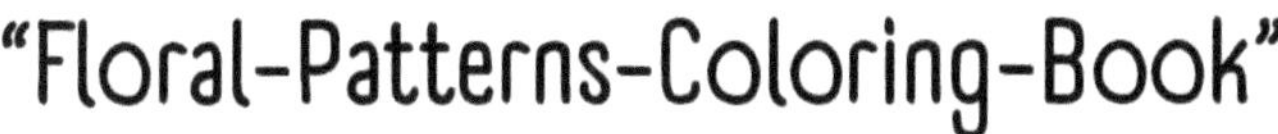